(上) フィカル家の応接間での祈り。一人の時もあるが、毎日、ここで家族と一緒に神に祈りをささげる。心を落ち着かせるだけではなく、家族と交流する時間でもある。写真：宮脇慎太郎
(下) フィカルさんのインドネシアの家族が集合した写真。真ん中の2人がお父さんとお母さん。母や兄弟とも、よく連絡を取り合っている。絆が強い、なかよし一家だ。写真：宮脇慎太郎

（上）初めてフィカルさんの家に訪れた日。人口密度が高く、驚いた。まさか、住宅街の中の１軒家に、こんなにインドネシア人が集まっているとは。最初は、あっけにとられた。写真：宮脇慎太郎
（下）さっきまで笑顔を絶やさなかった人たちが、祈りの時は、真剣な表情になる。そのギャップから、彼らの信仰心の純度を垣間見る。彼らとの時間は、祈りについて考えるきっかけもくれた。写真：宮脇慎太郎

（上）祈りの途中でも子供たちは自由にふるまう。アニメを見たり、祈るお父さんにぶら下がったりするが、誰も咎めない。この寛容さに、私は驚き、惹かれていった。写真：宮脇慎太郎
（下）神への帰依を礼拝で示す。集団で礼拝することは、彼らにとって重要なこと。この時はまだ香川県にモスクができるなど、想像もできなかった。写真：宮脇慎太郎

フィカルさんと仲良くなってから、彼がインドネシアで経営する学校のホームページを制作した。その時、技能実習生代表として、ジェマさんに写真を撮らせてもらった。写真：井上真輔

（上）フィカル家のキッチンで。遊びに行くと、奥さんやフィカルさんが、日本食やインドネシア料理をふるまってくれた。手厚く客をもてなすのが、イスラム教の考え方だ。写真：宮脇慎太郎
（下）フィカルさんがもっているコーラン。家の応接間に丁寧に保管されている。つらいときも、コーランを読誦することで精神が安定するのだという。写真：宮脇慎太郎

フィカルさんの奥さんと。夫婦と娘３人と猫で、幸せな家庭を築いている。いつ遊びに行っても、暖かく迎えてくれる。奥さんは、つつましくも広い心を持つ女性だ。写真：宮脇慎太郎

（上）技能実習生の寮での一幕。ハードオフで購入した楽器で演奏し、合唱が始まった。インドネシア人ムスリムは、カラオケも大好きなようで、カラオケ喫茶などにも行く。写真：井上真輔
（下）パンデミックが起きたあと、KMIKのメンバーが集まったときの一枚。世界中が混乱する中でも、彼らは粛々と自分のできることをしたが、そのぶれなさは胸に迫るものがあった。写真：井上真輔

（上）夜の話し合いの日、KMIKのプトラ君がプロデュースしたジャンパーが届いた。前面の胸部分には、日本国旗と、インドネシア国旗が施され、融和の意志を伝えている。写真：井上真輔
（下）旅行中に、ブルーシートを敷いて、みんなでお祈り。お祈り中は、周囲の雑音が気にならないほど、集中するのだという。凛々しい立ち姿が印象的だ。写真：岡内大三

香川にモスクができるまで
在日ムスリム奮闘記

岡内大三

装丁　川名潤

香川にモスクができるまで　目次

イスラム教とは、複雑で機械的で、幻影に支配された時代に対する解毒剤だ

——ムハンマド・アサド

プロローグ

「香川県にモスクをつくろうとしているインドネシア人がいる。その男は、溶接工で、長渕剛が好きらしい」

その噂を聞いた私は、背後のヘッドライトに煽られながら、車で香川県のX市に向かった。2019年3月某日の夜7時。私はその男と会うために、瀬戸内海に面した工場地帯を抜け、やがて住宅団地の神社の駐車場にたどり着いた。モスクがイスラム教の集団礼拝所だとは知っていたが、タイル張りの細密画で装飾された宗教施設という印象が強く、あのような建造物が香川県の地方都市にできることが信じられなかった。しかし、情報元のBさんは信頼できる人だった。Bさんはサーファーで、インドネシアに波を求めて通ううちにムスリムに改宗した。インドネシア人技能実習生をボランティアで世話していたので、コミュニティー内部に詳しい人だったのだ。

フラフラ歩くサラリーマンや、子供を乗せチャリで爆走する女性とすれ違いながら、街灯を頼りに指定された住所へと歩く。一体どんな男なのだろうか？　モスクをつくろうというくらいだから、さぞ信心深く、真面目な人なのだろう。警戒心が強い可能性もある。追い返されたらどうしようか。いや、それよりも長渕が好きというのがひっかかる。そんなことを考えていると、民家から男が現れ、巨体を揺らしながら近づいてきた。褐色の肌に彫りの深いインド系の顔だ。身長は180㎝くらいあり恰幅もよく、ムスリムがかぶるらしい刺繍が施された帽子をかぶっている。受けとった怪しい印象に、私は思わず身構えた。男は大きな瞳をこちらに向け、口を開いた。

「よう来てくれました。私フィカルね。いまからモスクの打ち合わせするけんね」

あまりに流暢な讃岐弁に拍子抜けしたが、このフィカルという男がモスクをつくろうと奮闘するインドネシア人ムスリム・コミュニティのリーダーらしい。この日は計画について話し合うために、彼の家に友人が集まっているとのことだった。当時、香川県には約800人のインドネシア人が暮らし、他にもパキスタン人、バングラデシュ人、モロッコ人、トルコ人など多国籍のムスリムがいたが、モスクは存在しなかったのである。

「どうぞどうぞ。入ってください」と低姿勢のフィカルさんは玄関のドアを開けてくれ、私は導かれるようにその家に足を踏み入れた。その先に、イスラム教の未知の宇宙が広がっていて、私と彼との長い付き合いが始まるとは知らずに。

本書はインドネシア人ムスリムたちがさまざまな問題にぶつかり、時に迷走しながらも、モスクのために突き進む姿を追った奮闘記だ。グループのリーダーであり、強烈な個性を放つ義理と人情の男、フィカルさんを中心に物語が進んでいくが、様々な個性的なムスリムと信仰の形が登場する。その中で私が感じた、日本人とムスリム、ひいては移民との共生についても考える内容になっている。

この稀有な物語を書き進める前に、なぜ私がモスク建立計画に興味を持ったか、説明したい。私はフリーランスのライターとして国内外のマイノリティのコミュニティーを取材し、記事に書いている。そういった対象に興味を持つのは、自分自身がイギリスやニュージーランドで暮らしたり、バックパックを背負ってアジアやヨーロッパを旅したことを通じ、各地でマイノリティの痛みを味わったからだと思う。これまでに移民、少数民族、難民など、様々な背景を持つ人々を取材してきた。彼らが語る言葉は示唆に富んだ印象深いものが多く、胸をえぐられるような問いを投げかけられることがある。その中でも忘れられないものの一つは、2015年に東京で暮らすアメリカ人男性に取材したときの言葉だ。移民に母国との違いを聞く企画だったが、彼は声を潜め、まるで重大な犯罪行為を明かすような口調でつぶやいた。

「私は実はムスリムですが、そのことは書かないでください。日本人の友人をなくすかもしれないので」

周囲の雑音にかき消されそうな声を、私はなんとか聞き取った。

彼はそんなことを考え、疑心暗鬼の中で生きているのか。衝撃を受けた私は、国内のムスリムのことを知らなければいけないと思った。無知に忍び込んだ情報や物語は、平凡な人間のイメージを善人にも悪人にも変えてしまうことがあるからだ。多くの市井のムスリムは、ここ数十年、その構図に吸収されている。

2019年末時点で推計18万3000人いるとされている在日ムスリムがおかれている状況はどんなものだろうか。ネット上に流布されたイメージを拾っていくと、まるで絶対的にわかりあえない人たちのように扱われていた。女性蔑視、怖い、非文明的、という攻撃的な言葉を目にした。一方で、イスラム教について書かれた書籍を読むと、マクロの視点でイスラム教を称賛や批判するものが多く、こちらもどうもしっくりこない。彼らの実態は、ヘイトと偏見と、それに対する擁護の攻防によりぼんやりしていて、ムスリム一人一人が持つ個性が伝わってこないと感じていた。私たちは、彼らが普段、どんなことを考え、何を食べ、何をして遊び、どんなジョークで笑いあうのか、リアルな姿を知らない。いや、知ろうとしていないという表現が正しいかもしれない。

旅や海外での居住を通じて、サウジアラビアやパキスタンなどにルーツを持つムスリムと出会い、交流したことはあったが、確かに彼らは、私たちが慣れ親しんだものとは違った習慣や価値観も持っていた。移民なしには労働力を補えない時代に突入している日本で、ムスリム人口が増え続けると予想される今、私たちは、彼らとどうつきあっていくべきかを模索する必要がある。そのためにできれば地方で暮らすムスリムに取材したいと思っていた。人口が多い都会だと埋もれてしまうような彼らの本質が、鮮やかに浮かび上がるはずだからだ。

そんな時に得た情報が、モスク建立計画である。この計画を追うことは、ムスリムのことを理解するよい機会になると思った。教会や寺院も含めた宗教施設に共通しているのは、その内部に信者の人格を形成する信仰の核が宿っていることだ。だが、モスクは謎多き宗教施設で、どんな人が集まり、どんなことが行われているのか知られていない。それに、目標に向かって奮闘する様子から、彼らが日常的に抱く悩みや葛藤、寂しさや苦境など、多面的な姿が見えてくると思ったのだ。

想像通り、資金集めや物件探しのハードルは高く、差別や偏見の目を向けられる現場を幾度も目にした。彼ら自身もムスリムのパブリック・イメージを知っていて「日本人からの視線」に不安を抱き、自分たちが社会的弱者だと思い、生きていた。しかしフィカルさんは「お祈りしとるからうまくいくわ」と自分を奮い立たせ、満身創痍でつき進んだ。その姿を追ううちに、「なぜ、そこまでしてモスクが必要なのだろう？　私が思っているより、深い理由があるのではないか？」という疑問が膨らんでいった。「祈りの場」としてだけではなく、何か生活と地続きの、彼らが吐露する悩みを解消するような力がモスクにはあるはずだ。その理由を私なりに理解すること、言語化することをこの取材のゴールに設定し、暗中模索の中で彼らの取材を続けていた。

突破口は、意外なことをきっかけに開かれる。２０２０年のパンデミックによる世界の混乱だ。だれもが苦しみ、希望を失っていた時期に、圧倒的なコミュニティーの形成力と互助システムを発動させ、ついには建立の夢を成就させる。史上まれに見る危機的状況で、彼らが起こした行動は、驚くべきものだった。その実践がムスリムの本質とモスクが必要な理由を浮かび上がらせ、同時に日本社会の虚弱さをあぶりだしていった。閉鎖感が覆い、コミュニティーの崩壊や資本主義の限界などに迷走を続けるこの国で、彼らと過ごした数年間は、多様性がもたらすものの深淵に触れる長い旅路でもあったのである。

確かに、同じ地域に異なる文化や宗教が混在することはリスクを伴うことがある。私も旅や海外在住の経験を経て、多様性という理念がはらむ危うさを何度も体感した。人種や宗教の違いを乗り越えるのためには、不断の努力と覚悟が必要で、たやすいことではない。だが前述したとおり、移民なしには労働力を補えない時代に突入している日本で、これからも増えていくであろう在日ムスリムとどう共生していくのかという課題は避けられない。本書が労働力という文脈からは離れた領域から、移民受け入れの是非について考えるきっかけにもなれば幸いである。また、本書ではインドネシア人ムスリムを中心に取材しているが、世界のムスリム人口は19億人を超える。国や地域、個人によって信仰の捉え方や人間性に違いがあり、多種多様な人生を送る人がいることをまずは伝えておきたい。そして、ムスリムへの取材を始める遠因となった、9・11後に突然姿を消したムスリムの友人、アブへと感謝の念を送りたい。

※イスラム教の呼称は、近年、「イスラーム」、また「イスラーム教」が主流になっているが、本書では、一般的に馴染みのある「イスラム教」を使用している。そのほかの用語も、なじみのあるものにしている。

第1話　出会いと介入

和室に響き渡るムスリムの祈り

強烈なスパイスの匂いのする10畳の畳部屋

地方都市の狭いコミュニティー。特別なことが起こらない日々は、この街のすべてを知り尽くしたかのような錯覚を覚える。しかし見ようとすれば、見えていなかったものが立ち現れる。例えば、近代日本を象徴するような、均質的な住宅が立ち並ぶ団地の一軒家でもだ。

「どうぞどうぞ。入ってください」と低姿勢のフィカルさんが玄関の引戸をガラガラと開けると、強烈なスパイスの匂いが鼻腔を刺激した。次の瞬間に目に飛び込んできたのは、上がり框に座るヒョウ柄のヒジャブ（ムスリムの女性がかぶるスカーフ）をかぶった、カレーを食べる女性。吸い込まれそうな澄んだ瞳と褐色の肌を持つ彼女は、突然日本人が現れて驚いたのか、こちらをぽかんと見上げていた。右側のキッチンからは、女性たちの話し声が漏れている。聞き慣れない言語だが、その声は弾んでいる。気をとりなおし、くつをぬごうとすると、どたどたどた！と大きな音が聞こえた。ギョッとして正面の階段を見ると、5歳くらいの女の子2人が駆け降りてきて、笑い声をあげながら奥の部屋に吸い込まれていった。

Bさんからは「モスクの集まり」とだけ聞いていた。きっと静謐で厳かな話し合いなのだろうと思っていたが、早速の不意打ちに面食らってしまった。

私はなんとか平静を装った。しかし靴を脱ぎ、奥の和室を覗くと今度は私が口をぽかんとあけた。襖が取り払われた10畳ほどの畳部屋にブルーシートが敷かれていて、20人ほどのインドネシア人がぎゅうぎゅうに座っていたのである。奥の畳の部屋はピンク、赤、白など春の花畑のように色鮮やかなヒジャブをかぶった女性たちがカレーを食べている。彼女たちが纏うインドネシアの民族衣装の色彩の豊潤さと、和室のギャップに軽く混乱していると、覚えのあるメロディーが聞こえてきた。奥の部屋にある32インチのテレビに映るライブ映像。「カーモンベイビー！　アメリカ！」とDAPUMPがジャンプしていて、ヒジャブをかぶった子供たちが飛び跳ね踊っていたのだ。近くに座る女性に子供の足がぶつかっているが、どちらも一向に気にしない。手前の畳の部屋には男性が10人ほど座り込み、カレーを食している。ムスリムがかぶる刺繍が施された帽子（以後、ムスリム帽と呼ぶ）をかぶっている人や、一見すると日本人にしか見えないファッションと薄い顔立ちの若者が、聞き慣れない言語で雑談していた。

これは一体どういうことだ？　ついさっきまで、いかにも日本っぽい住宅街を歩いていたはずだ。カオスっぷりに圧倒され、しばし忘我。しかし、それを相手に見透かされてはいけない。

こういう時は笑顔をつくり、爽やかに挨拶をするに限る。

「こんばんは！」

彼らは食事の手を止め、一斉にこちらに目を向けた。突如現れたイスラム教徒ではない、謎の日本人を受け入れてくれるのだろうか。一瞬の沈黙が不安を煽る。しかし次の瞬間、一様に柔らかな微笑みを浮かべ「こんばんは」と返してくれた。

「私たちインドネシア人は、日本人の友達がなかなかできないんです。仲良くしたいけど、機会がない。だからみんな大歓迎していますよ。ささ、座ってください」

讃岐弁のインドネシア人、フィカルという男

インドネシア人たちは興味深そうに私を観察している。女性も男性も20代前半の若者が多い。数人だが、30代と見受けられる女性がいる。話を聞くと、来日の理由はさまざまだった。技能実習生として日本で働いている若者（技能実習制度とは、技能の習得を目的に外国人を労働者として迎え入れる制度。期間は3年。希望者は5年、または10年まで延長できる）。日本人男性と結婚した女性。教授を目指している大学生。肌の色や、顔つきも多様である。戦前にインドネシアで教師をしていた日本人の祖父を持つ、日系3世の女性もいた。

ある女性が「辛いから気をつけてね」と白米、カレー、鳥の唐揚げが盛られたプレートを運

んできてくれた。早速、カレーを口に運ぶと幾種ものスパイスの味が、口の中で調和する。うまい。インドのものに似ているが、よりマイルドだ。

「もし口にあわなかったら残してくださいね」とフィカルさんが私を気遣ってくれたので、「いやー、美味しいですよ！　でも辛い！」と言うと、みんなが一斉に声を出して笑った。

和やかな空気が流れたので、改めてフィカルさんに私の自己紹介をした。

「私の職業はライターで、あなたたちに興味があります。特にモスクをつくる計画について聞きたいんだけど、いいですか？」

警戒されるだろうし信頼を得るまでは、時間がかかりそうだと思っていたが、フィカルさんは「ええ⁉　モスクのこと知りたいんですか？　えー、すごいなあ。嬉しいなあ」と言う。

速攻で取材の許可がおりた。話が早い。私の過去の仕事のポートフォリオや、口説き文句も用意していたので、肩透かしを食らった。

「イスラム教のことでも、なんでもええから、聞いてくださいね。あ、まずは私の自己紹介。ここ私の家ね。娘と奥さんと、猫と仲良く暮らしているね。仕事は船の溶接。日本に来て、もう15年くらいたちますよ。今年で38歳になりました」

ということは私と同い年。それにしてもよく喋る男だ。高い音域の声と、入り乱れる讃岐弁。「モスクをつくる人」と聞いて、物静かな人を勝手に想像していた私は自分の偏見を恥じた。

人なつっこい笑顔をこちらに向け、喋り続けるフィカルさんを観察すると、会話の節々でペコペコ頭を下げる日本人的な所作もしっかり体に染みついている。とにかく腰が低い。彼の膝の上で、女の子がスヤスヤ眠っているのが気になったが、彼女はフィカル家の3人娘の末っ子らしい。子供は他に8人くらいいたので、どの子が他の娘さんかは判別ができなかった。奥さんはどの人なのだろうか。

カレーを食べる群集の隙間から、部屋を見渡してみた。壁には子供が学校で書いたであろう「うんてい」という習字や家族の似顔絵、イスラム教の教えが書かれたポスター、簡単なインドネシア語を子供に教えるための自作の表が貼られている。子供のいたずらで、ところどころ破れた障子と、キキララのシールが無秩序に貼られたタンス。どこか懐かしさを覚える家族の日常が積み上げられている。異国からきた男が、この生活を手に入れるために、どれほどの苦労をしたのだろう。

タンスにはスーツがかけられていた。フィカルさんは「私、人生で2回しかスーツを着たことないよ。娘がそろそろ幼稚園を卒業するから、あれを着て卒園式に行こうと思っています。本当はイスラム教徒の正装で行きたいけど、目立ったら子供がかわいそうね」と言う。それを受け、「日本の生活は大変なこともあるでしょ？」と聞くと、思わぬ返答があった。「仕事とかで辛いことはあるよ。でもまあ大体のことはお祈りしとったら忘れるから、大丈夫や」。

語尾の調子を上げたので冗談かと思ったが、ニコニコした目の視線はしっかりと定まっていた。この安定感。その根本にあるであろう、彼らの信仰へ興味がわいた。

スポンサーなしでの壮大な計画

フィカルさんがリーダーを務めるインドネシア人のグループは昨年末（２０１８年末）、つまり4ヶ月前に誕生したばかりで、ＫＭＩＫという。ＫＭＩＫとは、インドネシア語で「イスラムの家族」という言葉の頭字語で、モスク建立計画のためだけに結成されたものではなく、定期的にみんなでご飯を食べたり、バーベキューなどをしていく予定だ。いまここにいる人以外にもメンバーはいる。情報を共有するために、ラインのグループをつくっていて、そこに参加しているのが50人くらい。メンバーだからこういった寄合に参加しなければいけないなどの、ルールはないゆるいつながりのコミュニティーだ。

他のメンバーもほとんどが学生か技能実習生で、20代だ。２０１９年は香川県内に８００人を超えるインドネシア人が暮らしていたが（２０２１年の統計では９１１人）、その多くが技能実習生なのだそう。モスク建立計画のためのグループと聞いていたので、日本在住歴が長く、生活が安定している中年ムスリムの集団かと思っていたが、若者たちが夢を追うサークルのような虚弱さを感じてしまった。おまけに手伝ってくれる日本人もいない中、他の国籍のムスリムのグループとも協力しながら、手探りで進めている。

「私以外は、みんな頭いいから助かってるね。私は頭悪いけどよく動くから、リーダーをまかされているだけね」とフィカルさんは言うが、彼がいなければまとまらないグループなのは伝わってくる。

さて、今日の会議のお題は「モスクをどの地域につくるか?」と「資金をどう集めるか?」らしい。理想は土地を購入してモスクを建設したいが、金銭的に無理ならばモスクとして利用できそうな物件を購入して再利用する、という計画を進めているのだという。

最低でも1000万円くらいは資金を集める予定だ。インドネシア人の技能実習生に寄付をお願いしているが、なかなか貯まらないのが実情だという。

当時メディアでは、劣悪な労働環境のもと薄給で働く技能実習生たちのことが、しきりに報道されていた。そんな彼らから多額の寄付を期待するのは、厳しいだろう。てっきり応援してくれる金持ちがいるのかと思っていたが、そんな人はいない。1000万円は、インドネシアだと7000万円くらいの価値があるらしい。そんな金額を集められるのか、甚だ疑問である。

インドネシア式のゆるい話し合い

いよいよ会議が始まるようだ。フィカルさんは集団の中心に移動し、まずはアッラーとムハンマドへの祈りをみんなでささげた。しばしの柔らかな沈黙の後、話し合いが始まったが、インドネシア語なので何を言っているのか、さっぱりわからない。発言する時は挙手し、司会にあてられると「アッサラームアレイクム」とつぶやいてから、意見を述べている。これはアラビア語で挨拶にも使われるが、「みんなにいいことがありますように」という意味もある。印象的なのは、発言が終わるまで全員が静かに聞いていることだ。数分間、喋り続ける人がいても、発言を途中で遮ることは絶対にない。これがルールのようだ。

女性も積極的に堂々とした口調で意見を言う。というか女性の方が発言力がある印象。フィカルさんも、時々彼女たちの主張に押されて困ったような表情をしている。

賛同を表す「イヤー」というインドネシア語。会話の節々に「頑張って」という日本語や、「みきちょう」や「ぜんつうじ」のような聞き覚えのある香川県の地名が混じる。内容をまったく理解できない私は眠気に襲われたが、たまに響く子供がはしゃぐ声で目がさめる。つまらなそうにしていると気をつかわれそうなので、微笑み続けた。

会議が30分ほど続いたので、耐えきれずに隣にいた日本語が堪能な女性に何を話しているのか聞いてみると、「バングラデシュ人や、パキスタン人コミュニティーとの協力を続けるかを話し合っています」と言う。

彼女によれば、インドネシア人以外のムスリムは高松市や香川県の東部に多いので、そのエリアでモスクをつくりたがっているが、インドネシア人たちはX市を含めた香川県の西部に多く住んでいる。当然、自分たちの居住エリアの近くにモスクがあるのが好ましい。そうなれば他国籍のムスリムたちとの協働をやめて、インドネシア人だけでモスク建立計画を進めることになる。香川県の東部の大学に通うKMIKのメンバーは、同じ学校に通うバングラデシュ人たちに、なぜX市にモスクが必要か、きちんと説明をしないと問題になると言っている。どうやら1ヶ月に一度、多国籍のムスリムが集合し、共通言語の日本語や英語で会議をしているそうで、そこで成り行きを説明してほしいと訴えているらしい。

「揉めないの?」と私が聞くと「ちゃんと説明をすれば、大丈夫だと思います。ムスリムはみんな仲良しです」と女性は言った。

日本の地方都市で暮らすムスリムの世界も、さまざまな事情があるのだ。実はこれまでにも、香川県にモスクを建立する計画はあったが、どれも途中で頓挫したのだという。仕事をしつつ、寄付を集めることは、相当な労力が必要なのである。モスク建立計画のために開設した銀行口座に、いくらか貯まったまま計画が止まっているケースも多いようだ。それに前述したとおり、香川県のコミュニティー内で寄付を集めるのであれば、技能実習生に頼ることになる。彼らはずっと日本にいるわけではなく、入れ替わりも激しい。また、信頼できる不動産屋と出会えないことや、他の国籍のムスリムと合同で進める場合に、文化の違いからコンセンサスをとるのが非常に難しいなど、さまざまな理由がある。相当な覚悟と情熱を注ぎ、取り組まなければ、成就しないプロジェクトなのだ。比較的都市部でムスリム人口が多いはずの高松市にも存在しないモスクを、人口の減少が進むX市につくることができるのだろうか。ますます、こんな若いメンバーで大丈夫なのか？と疑問が募る。

引き続きこの女性に通訳してもらおうとすると、子供の泣き声が響き渡った。彼女はあやすために奥の部屋にずんずん入っていった。テレビ画面に目をやると、ディズニーアニメが流れていて、ちょうどアラジンが絨毯に乗り、空を飛んでいるところだった。歌声が部屋じゅうに鳴り響く。この自由な雰囲気。これはなんだ？　確かに規律は存在しているし、真面目に話し合っているのだが、どうもゆるい感じがある。集会と聞くと重々しいが、地域の人たちの寄合という表現が近い。他者への包容力に満ちたコミュニティーの光景だ。居心地がいい。

和室に響き渡るムスリムの祈り

約1時間後。再び沈黙が訪れ、フィカルさんが「終わりましたよ」とこちらに顔を向けた。話し合いの結果、KMIKは、モスクをX市につくることにしたようだ。理由はインドネシア人の人口が多いので、毎日だれかが訪れられること。モスクがあったとしても、人の出入りがないと意味がない。また、外国人が集まるようになると近所の人に怪しまれる可能性がある。そこで重要なのが、フィカルさんの存在だ。X市で15年暮らしている彼は、このエリアに知人の日本人もいるし、受け入れられやすいのだという。

しかし、他の国籍のムスリムたちは納得するのだろうか。

「私たちも、本当はみんなで協力して一緒にやりたい。ムスリムは、宗教は関係なく、みんな家族やと思ってるね。キリスト教でもそう教えとるでしょ。でも彼らは他の地域につくりたい。もう一度、話し合いしてみるけど、もし一緒にやるのが無理そうやったら、インドネシア人だけで、お金を貯めてつくるしかない。ちゃんと説明したら納得してくれます。彼らが他の場所でモスクをつくることになったら、寄付を集めたりサポートするしね」

善通寺や三木町などの、香川県の地名はなぜでてきたのだろうか。

「あー、それはモスクとはあまり関係ないですね。連絡網をつくろうとしているんです。いま香川県に、たくさんインドネシア人が住んでいるね。仲間外れはつくりたくないから、みんなで集まる時とか、話し合いをする時に連絡が行き届くように、各地域に代表者をつくろうって話になって」。

正直、めんどくさいことをしているなと思った。各地域の代表者は、駅のホームなどでインドネシア人がいると話しかけ、連絡先を交換するのだそう。声をかけられたインドネシア人たちも、監視されているような気がして迷惑なのではなかろうか。

「さて、そろそろお祈りするね。一緒にお祈りしますか？　イスラム教徒やなくても、大丈夫よ。なんとなく真似して一緒にやるだけでもいいし」と、フィカルさんが誘ってくれた。

興味はあったが、神を信じぬ自分が気軽に参加していいものかと思い、今日は見学することに。集団でムスリムが祈るのを見るのは初めてのことで、楽しみだったし、お祈りのときに何を考えているのか聞いてみたいと思っていた。

フィカルさんは、ムスリムのお祈り（サラー）の説明をしてくれた。お祈りはムスリムの5つの義務、信仰告白・礼拝・断食・喜捨・巡礼のひとつで、非常に重要な儀礼だ。イスラム教は、紀元610年ごろに預言者ムハンマドが唯一神アッラーから啓示を受け、アラビア半島のメッカで誕生した宗教。現在はさまざまな国と地域で信仰されているが、お祈りの時はアラビア語でアッラーをたたえる言葉をつぶやき、ひれ伏すことで、帰依を示す。フィカルさんはお祈り中、アッラーをほめたたえる以外は「なにも考えず、集中するのが大切よ」と言うが、これが非常に難しいのだという。

それができたらどうなるのだろうか？

「集中するのは、無になるのに近いと思うわ。説明するの難しいけど……。うーん、そうや、ほんまにいい人になるね。だれかに悪口言われても、悲しくても、ニコニコできる人。私はまだまだそんなんできんけど。いいことも悪いことも、全部神様が決めたことやから、何が起こっても気にしなくなるよ。神様に全てを任せば大丈夫やけん」と言ったあと、「でもやからって、仕事しなかったり努力しないのはダメね。私は日本にきて結婚したころは、毎日朝から0時ごろまで仕事しとったよ」と付け足した。

なるほど。フィカルさんの安定感の源泉はこれなのだろう。私は自らの運命を絶対的な他者へ委ねるという経験をしたことがない。一定の自由と引き換えに、めまぐるしく価値観が揺らぎ続ける社会で育ち、得体の知れぬ不安を常にどこかで感じながら生きてきた。一方フィカルさんは、信仰という規律を受け入れる代わりに、絶対的なものに身を委ねられる権利を幼いころから持っている。ちょうど同い年の私たちは、対照的な存在で、この関係性自体が何かの暗喩のようだと思った。

だれにも気づかれず、密やかに営む人々

各々が縦長の〝マイ絨毯〟を床に敷いている。その様子を見ていると、ムスリム帽をかぶった男が話しかけてきた。

「私の名前はプトラです。これを見てください。このアプリ、メッカの方向がわかるんですよ。コーランも日本語で読めるから、もしイスラムのことを知りたかったら、これをダウンロードしてください」と言う。

往年の日活映画に出演していそうなハンサムな顔立ち。よく見るとプトラくんの顔がビシャビシャに濡れていた。近くにいた、フィカルさんの顔も水で濡れている。玄関先から声がするので外に出てみると、暗闇の中、水場の前で男たちが列をなしていた。順番に手と足と顔に、ホースで水をかけていく。身を清めているのだ。目の前の歩道と外壁の境界はあるが、こちら

の様子は歩道からでも見える。道行く人がこの光景を見ると、さぞ驚くだろう。

和室へ戻ると、皆打って変わって神妙な顔をしていた。5人ほどの列をいくつか成し、押入れの方向へ向かって立っていた（メッカの方向なのだ）。奥は女性の集団。手前は男性の集団。先頭に立つ男が人差指で耳の穴をふさぎ、アザーン（礼拝への呼びかけ）を唱えている。どこか哀調のある美しいメロディーに聞き入っていると、お祈りが始まった。各々が手のひらを天に向け、目を瞑る。両手を耳に当て、少し顔を俯け、小声で何かを唱える。みんなの表情から笑顔が消失し、神聖で落ち着いた、大人の顔になった。アッラー・アクバル（アッラーは最も偉大である）と、鼻にかかったようなアラビア語の発音で唱える。絨毯へ膝を立て、額を床につける。また立ち上がる。何かを唱える。彼らはいままで何度、この祈りを神にささげてきたのだろう。

奥の部屋に目がいった。女性たちは体をすっぽり覆う装束で身を包み、目を瞑っている。神に誓いを立てる静謐な表情は、それだけで神々しい。天井のドーナツ型の電球が、後光や天使の輪っかのように見えてシュールだ。

遅れて祈りに加わる人もいたが、特に問題ないようだった。アッラーへの祈りと荘厳な光景。しかし奥では32インチのテレビに『パプリカ』のPVが流れていて、子供たちは静かに見入っている。アンビバレントがいくつもある空間で、ひっそりと、まるで秘め事のように祈りの時は過ぎてゆく。彼らの声はこの家の中だけで響いていて、外部に漏れることはない。近所の住民でさえ、荘厳な祈りの現場が町内に存在していることに気づいていないだろう。アッラー・アクバルという声は、美しく、しかし寂しそうに響いていた。だれにも気づかれず、ひっそりと。隠れキリシタンは、こんな感じだったのかもしれない。

お祈りは静かに始まり、静かにフェードアウトした。だれもが一様に、瞑想後のように静謐で穏やかな表情になっている。フィカルさんに、お祈りを見せてくれたことの感謝を伝えると「ありがとうございます。またよろしくお願いします」と、ゆっくりとした口調になっていた。プトラくんだけは一転、「いやー！　みんなで祈るの気持ちいいねえ！」と言う。驚くほどに爽快で、多幸感があふれる表情だった。

この落ち着いた雰囲気と一体感。比べるのはよくないかもしれないが、私の記憶から似たものを探すと、かつて参加したビパッサナー瞑想の合宿で感じた他者との境界線が消えた時、あるいはクラブやレイブ、音楽イベントで訪れる説明不可能な一体感を思い出した。一体感は酸素のように、私たちが生きるために必須な養分なのかもしれない。そう思えば、祈りという行為が、より身近なものになった。

また、祈りとは、これほどまでに力があるものなのかと驚いた。私は祈りが、まやかしとさえ思っていた。日本ではなにか災害などが起こるたびに「祈り」という言葉がメディアを通じて氾濫する。記憶に新しいのは3・11の時だ。確かにどうしても消化できない悲しみは、祈ることでしか薄れないものもある。しかし一方で、取り組むべき課題を覆い隠し、あやふやにする言葉としても利用されることが多い。私と祈りの距離は遠いが、彼らの中では確かな意味を持ち、機能しているのが興味深かった。

帰り際、玄関まで見送りに来てくれたフィカルさんは、こう言った。

「近いうちにモスクのために寄付のお願いにいきますので、一緒に来ませんか?」

もちろん行きたいと即答し、帰路に着いた。私はすっかり彼らの世界観に魅了され、説明不可能な安堵感と、興味をそそる対象に出会えた興奮に包まれていた。そして、ある疑問が浮かんだ。

「なぜ、ここまでしてモスクが必要なのか?」

大切なのは理解できるが、心から納得できていない。正直、今日のようにたまにだれかの家に集まれば、なくてもいいんじゃないかともどこかで思っていた。そしてもうひとつ、私と対照的なフィカルという男に、強い興味を持った。彼は戒律を守りながら生きているが、抑圧されている感じはまったくせず、エネルギーに満ち、自由な雰囲気を持っている。私を支配していた信仰=抑圧的という固定観念は崩れた。そして同じ時代に生き、同じ年齢の私たちの違いをかたちづくるものはなんなのだろうか。宗教は神の存在をもとに、世界を理解するという。

私たちは、より科学的知見から世界を理解しようとする。もちろん、現代に生きるムスリムの多くは、私たちと同じ科学的で論理的な視点を持っているが、どちらの領域から世界を覗くかによって、景色は変わるはずだ。（どちらが正しいかとかではなく、生き方の違いだ。）だが、のぞき口が違うだけで、実は似た景色を見ているのではないかとも思う。2人の間にあるそのギャップは埋められるのか、強い興味を持ったのである。「これは密着取材をしなきゃな」と思いながら駐車場へ向かった。ここから私は、フィカルという男、そしてインドネシア・コミュニティーの沼にはまっていくのである。

第2話 ゆめタウン、フードコート集合 募金活動に密着

日本のモスクの歴史は戦中に始まった

私はとりあえず、国内のモスクの歴史を調べようと、文献を読み漁ることにした。するところがおもしろい。現在（2019年）、全国にモスクは約105ヶ所あることにまず驚いたが、国内初のモスクは、戦中の1935年に建立されたというのも意外だった。それが「神戸ムスリムモスク」だ。神戸モスクは在日のインド人ムスリムや、ロシア革命で迫害され、日本へ亡命したタタール人ムスリムの喜捨（進んで金品などを寄付すること）を主な財源に建てられた。戦中の日本は排外主義が高まっていたイメージがあったので、外国人異教徒の宗教施設の建立を許可したのは意外だったが、調べていくとその背景には、日本軍部の思惑があったことがわかった。亡命タタール人を取り込み、ロシアの情報を得るための軍事戦略の一環だったのだ。ちなみにタタール人とは、シベリアから東ヨーロッパにかけて暮らしている民族の総称だ。さ

らに1936年には名古屋市にもモスクが建立されたのだが、そちらには、満州在住のタタール人ムスリムからの喜捨もあった（残念ながら同モスクは戦災で焼失）。また、日本軍が満州事変で中国へ進出したことにより、反漢民族勢力として、回教徒（中国のイスラム教徒）との協力を模索するようになった。1938年には現在の渋谷区に東京回教礼拝堂（東京モスク）が政府、軍部、財閥などの支援によって建立されている。ムスリムに改宗する日本人も現れ、その多くが中国での工作に関わっていた。当時の陸軍通訳官だった山岡光太郎がムスリムに改宗し、イスラム世界の情報収集のためにメッカ巡礼に行った。同行したのはタタール人だった。山岡はその行程で経験したことや考察を記した旅行記を書籍化し、日本にイスラム教を伝えることに尽力した。

その後、終戦を迎えるとタタール人ムスリムの多くがトルコ国籍を取得して出国。国内のムスリム人口は急激に減ったが、1980年代前半にインドネシア政府とサウジアラビア政府がそれぞれ都内にモスクを建立し、国内のモスクは東京3ヶ所、神戸1ヶ所となった。大きな変化を迎えたのは、1980年代後半のバブル経済期だ。外国人労働者としてイラン、パキスタン、バングラデシュからのムスリム移民が増加。国内各地で働いていたムスリムは、モスクが近辺にない場合には、アパートの一室や公民館などを一時的な礼拝所として集まっていたが、モスクを居住地の近くに求める声が大きくなった。モスクを設立することは、外国人やムスリムへの偏見もあり容易なことではなかったが、1991年に埼玉県春日部市の中古ビルを買いとって一ノ割モスクが設立されたのが、大きな転機となる。政府や大使館などに頼らずに、近隣に住むムスリムを中心に喜捨で資金を用意し、自分たちの力で設立したのである。以後このように、コミュニティー内の仲間たちの喜捨による設立パターンが、各地に広がりをみせていく。１９９０年代後半には全国に10ヶ所のモスクが誕生した。

２０００年代にはモスク設立ラッシュを迎える。日本人との結婚で進んだムスリムたちの定住化や、自営業者として中古車輸出業や解体業などで成功したムスリムが各地に増加したことが、大きな要因だった。２０１０年末には67にまで増加し、それから10年間で、40ほどのモスクが誕生した計算になる。東京や大阪、名古屋、博多などの大都市でだけではなく、新潟、静岡、大分、愛媛、徳島など地方の都市部や、郊外にも技能実習生の増加とともに設立ラッシュが起きている。そのほとんどは地域のムスリムが協働で集めた寄付を財源としているのだ。

このように、国内モスクの歴史を紐解くと、ムスリムたちのモスクへの強い思いがひしひしと伝わってくる。特に私が注目したのは、戦前、満州にとどまった一部のタタール人たちが、神戸や名古屋のモスク建立のために、多額の寄付をしたことだ。交通網とインターネットが発達した現代よりも、「距離」は重い意味を持っていたはずだ。満州のタタール人は、何を思い、遠く離れた名古屋市のモスク建立のために喜捨したのだろうか。確固たる信仰を持ったことのない私には到底理解できなかった。

ゆめタウンで、ラマダン中の募金

フィカルさんから「明後日、寄付のお願いに行きます」と連絡があったのは、先日の邂逅から1週間後だった。相手は技能実習生だ。通常は彼らが働いている会社の寮を訪問するらしいが、この日は女性が多いので寮の外で会うことに。指定された場所は、高松市民の憩いの場である巨大ショッピングモール、ゆめタウンのフードコートだった。私は先日の取材で感じた「モスクが必要な理由」を聞こうと思っていた。

時間は19時。ちょうど日も暮れている。家族づれでごった返すゆめタウンを歩き、エスカレーターに乗ってフードコートのテーブルエリアへ行くと、ヒジャブをかぶった若い女性が5人、男性が5人ほど座っているのが見えた。そのうちの一人が、手招きをしている。フィカルさんの家で会った、プトラくんだ。一団は、マクドナルドのポテトやハンバーガーをシェアしながら頬張っていた。

「いまラマダン月で断食中なんです。お昼ご飯は食べてないので、めっちゃうまいです。ラマダンでも日没後は食事ができます。ポテト食べますか？」というプトラ君に甘えて、私も椅子に座りポテトをいただいた。すると、フィカル家で見た覚えのある男が「これもどうぞ」と3色団子をくれた。彼の名前はセニンさん。この2人はフィカルさんのグループの一員だ。他の8人は、今回募金をお願いする技能実習生。女性たちは色彩豊かなヒジャブをかぶっているが、着ている服はカジュアルなものだった。ZARAなどで販売していそうなパンツやワンピースだが、体のラインが目立たない服だ。男たちはダボダボのB-BOYファッションに身を包む、一見ルードな若者だった。

ラマダン月とはイスラム暦の9月を指し、1ヶ月間、夜明けから日没まで食事をしない。彼らも断食明けのようだが、業務中に集中力が切れないのだろうか？

「子供のころからやっているから慣れていますよ。2日目くらいまではきついけど。でも、断食明けのごはんは、本当に美味しいです」とプトラくんは言う。

異国で仕事をしながらの断食はつらそうだと思ったが、私がラマダン期の断食が持つ深遠な意味を理解するのはもっと先のことだ。

フードコートでのアッラーへの祈り

女の子たちは私に興味があるようで、チラチラと視線を向けてきた。目が合うとはにかんですぐに真顔になり目をそらすが、一人だけ笑顔を崩さない子がいた。ピンク色のヒジャブに白い肌。愛嬌がある瞳でじっと見つめてくる。彼女は突然「私、富士山に登るのが好きなんです。登ったことがありますか？」と聞いてきた。

「ないですよ。イスラムに山岳信仰はあるの？」と聞くと「そんなのないけど、おもしろそうだったから」と彼女は言う。休日には、京都や名古屋などかなり遠くまで出かけることもあるのだそう。アマンダさんという名の彼女は、この近くのスーパーで惣菜をつくっているようで、他の女性たちも職場は違えど、同じ業種だった。

しばらくすると、ムスリム帽をかぶったフィカルさんが大きな体を揺らしながら現れ、「アッサラームアレイクム。ようきてくれました」と、私に握手を求め、椅子に座った。

さて、皆そろったところで、これからフィカルさんが寄付のお願いを始めるようだ。私が予想していたのは、寄付を渋る技能実習生をフィカルさんが熱意を持って説得するシーンだった。一口1万円と聞いていたからだ。1万円といえば、インドネシアでは7万円くらいの価値がある。彼らの日本での給料は、だいたい月13〜14万円（2019年時）そこから寮費がひかれ、さらに来日のために手配業者に払った借金を毎月返済するので、手元に残るのは9万円くらい。さらに母国の家族に数万円の仕送りをし、自らの食費や生活費を賄う。もちろん貯金もする。技能実習生の多くは農村部の出身で、両親に家を購入したり、帰国後にビジネスを興す資金を貯めるために来日している。そう考えると、1万円はかなりの大金なのだ。

一団は目を瞑り、アッラーとムハンマドへの言葉を小声で唱えはじめた。周囲では家族づれや、カップル、仕事帰りのサラリーマン、女子高生などがガヤガヤと食事と会話を楽しんでいる。フードコートは地域の縮図かも知れぬと思うと同時に、さすがにここでは周囲の目が気になってしまった。

一方で、画一化する社会の象徴のようなショッピングモールでさえも、祈りの場へと変えてしまう彼らの揺るぎなさへ尊敬の念を抱いた。祈りの言葉を聞きながら眺めるフードコートは、どこか遠い世界のように感じた。

言葉が切れると静かに目を開け、インドネシア語での話し合いが始まった。フィカルさんの家と同じように、みんなが順番に手を挙げ発言し、周囲の人はそれを黙って聞くという穏やかな意見交換。時々、ローカルのスーパーマーケットの名前が聞こえてくる。みんな神妙な表情で聞いていたが、B-BOY系の男たちも挙手し、なにやら意見を述べはじめた。その様子は「急に金をくださいと言われても…」と言っているようにも見えたが、開始して5分が経過すると、突然沈黙が訪れた。

フィカルさんはこちらを見て「終わりました」と言う。やはり断られたか……と思った瞬間、「みんな協力してくれます」と得意げに言うので、驚いた。こんなにも短い話し合いで決まったのか。しかもフィカルさんが説得していたような様子はなく、終了するまで実に平坦な話し合いだった。「え⁉ すごいね」と思わずこぼすと、「あとね、彼女たちの同僚や他の会社で働く友達のインドネシア人たち、32人も寄付してくれるって言っています。いろいろ技能実習生の寮を回ったけど、半分以上はだしてくれるね」とさらに得意げに口角を上げた。

女性たちもB-BOY風の男たちも、やわらかく微笑み「1万円はちょっと高いけど、私たち、とてもいいことしてます。モスクが早くできて欲しいな。どんなのかなあ?」と無垢な表情で、想像力を膨らませている。

この中の数人は、あと6ヶ月もしたらインドネシアに帰ってしまうのだそう。

「モスクができる前に帰国する可能性が高いけどいいの？」と聞くと「全然いいです。モスクがあれば、これから香川県に来るムスリムも幸せになります。それにそのモスクでだれかがお祈りすればするほど、私にもいいことがかえってきます。インドネシアと日本の距離が遠くても、神様には関係ないですよ」と言う。

その言葉で、遠く離れた土地に建てられるモスクのために喜捨した満州のタタール人のムスリムの想いに、近づけた気がした。

モスクの定義？　特にないです

彼らの多幸感あふれる様子を見て私は首をひねった。モスクへの想いは、私の想像の範疇を超えている。彼らは自分たちの生活費を削ってまで寄付し、フィカルさんは溶接というハードな仕事を終えたあとに疲れた体に鞭を打って、寄付のお願いに出かけている。職場から、ここまで車で1時間30分はかかるだろう。祈ることが日常の彼らの生活に、モスクが必要なのは理解しているが、よくそこまでやるなあと感心する。

「理由はいろいろあるけんなあ。インドネシアにいたころは毎週金曜日（ムスリムの休日で集団礼拝の日）にモスクに行って、お祈りしていたね。日本に来てから15年間も行っていない。これ、本当に変な感じ。さみしいし、慣れないし、家族にも神様にも申し訳ないわ。」

しかしフィカルさんは、モスクがない今でも幸せそうに見えるので問題ないんじゃないか、とも思う。

ふと、そもそもの疑問が浮かんだ。モスクの定義とはなんなのだろう？　インドでモスクを訪れたことがあるが、きらびやかなタイルで描かれる美しい模様が内装を華やがせる、豪華絢爛なものだった。例えば寺院には仏像、教会には十字架、神社には鳥居などの象徴があり、荘厳な建築物が場の威厳を醸しだしている。フィカルさんにその疑問をぶつけると、「そんなの必要ないですよ。どんな建物でも、そこがモスクだと言えばモスクです」と言うので拍子抜けしたが、その素朴さに私は感銘を受けた。偶像崇拝が禁止されているので仏像や十字架などの象徴を祀ることはない。集団でお祈りができるスペースと、手や足を清める水場、そしてコーランがあれば機能するのだ。厳密に言えば、メッカの方向を示すミフラーブ（壁龕。多くの場合、壁のくぼみ）などは必要だが、それらも定型は決められておらず、素材も何を使っても問題ない。日本国内には東京や福岡などに立派なモスクもあるが、ほとんどが工場やコンビニの跡地、または一軒家の再利用なのだという。そもそも、最古のモスクの1つであるシリアのダマスクスのウマイヤ・モスク、スペインのコルドバの大モスクも、それぞれ既存建築の再利用だ。愛知県津島市にあるモスクはパチンコ屋の跡地を利用していたりと、以前そこが何に使われていたかは、重要視しないようだ。

モスクの原型は預言者ムハンマドが家族などと暮らしていた家だとされている。外見や絢爛さよりも人がそこに集まることが大切なのだと、フィカルさんは言う。

「うちの家をモスクにしようかとも考えたけどね。でもモスクって名乗るなら、だれかが訪ねてきたらいつでも中にいれてあげないと。さすがに家族に申し訳ないから、それは最終手段ね」

とフィカルさんが驚愕のプランを語った。

祈りへの悩み

これまでモスクがなかったのなら、どこでお祈りをしていたのだろうか。よく知られていることだが、ムスリムは一日に5回、各7分ほどお祈りをする。それぞれファジュル（夜明け）、ズフル（正午過ぎ）、アスル（午後）、マグリブ（日没後）イシャー（夜）と呼ばれている。彼らのスマホには、お祈りの時間を知らせるアプリが入っていて、フィカルさんと一緒にいると、時々、スマホからアザーンが聞こえてくることがある。

金曜日は、1回はモスクでお祈りをするのが推奨されるが、毎日5回のお祈りは、基本的には職場や自宅などで行うらしい。フィカルさんは「恥ずかしがり屋さんやから、以前は職場ではできなかったね。同僚に笑われるし、いろんな音がするから集中できんし。社長に見られたら会社をやめさせられるかもって心配やった」と言う。だから、仕事の昼休みに車で1時間30分くらいかけて、大学にある留学生用の小さな礼拝室に行っていた時期もある。だが、交通費も時間もかかるので続けられなくなり、職場の隅っこにベニア板で囲ったDIYの礼拝室をつくった。

お祈りがムスリムにとって義務であり習慣なのはわかっているが、そこまでするのかと驚いた。お祈りができないと、一体どんな気分になるのか、集まっていた人たちに聞いてみた。

「心が落ち着かないし、とても悪い人間になった気がします。旅行中であれ、仕事中であれ、礼拝ができないときは、いても立ってもいられない。」

「子供のころからやっていることだから、習慣ですよ。シャワーを浴びなかったりすると、気持ち悪いでしょ？　あんな感じです。」

「神様に申し訳ないですね。友達と遊びに出かけても、まず、どこでお祈りができそうか、探してしまいます。」

どう説明されても、頭ではわかるが、心から納得できない。同じ言語で会話をし、食事を共有できている私たちに共通項はたくさんあるが、どうしても交わらない点が存在するということか。

最近でこそ、技能実習生の多い職場には、お祈り用の部屋を用意してくれることも、少しずつ増えてきた。しかし、同僚や上司に、どう思われるかわからないので、慣れるまではそれでも気を遣うそうだ。

東京や大阪などの都市部の駅やデパートには、小さな祈祷室が用意されていることがある（祈祷室は110㎝×70㎝程度の面積があるだけでもいい）。新宿の歌舞伎町にも元バーの雑居ビルを利用した小さなモスクができたりと、外出中もお祈りができる場所が増えている。また新宿高島屋や、イオンモール幕張などにも、祈祷室が設けられた。だが特に地方都市では、公共的な場所には祈祷室が基本的にはない。だからみんなでイオンやゆめタウンなどに行っても、時間の調整に気をもむのだそう。人に迷惑が掛からないように気を付けながら、おむつを替える部屋で祈る場合もあるという。商店街などで遊ぶときは、コンビニのトイレで手や顔を洗い、急いで人気のない公園や駐車場を探してこっそり祈る。観光地に行ってもお祈りする場所に困る。金刀比羅さん（香川にある海の神を祀る神社）では階段を上る途中にある広場などでブルーシートを敷いてお祈りをしたこともあるのだそう。

「でも駐車場や公園でやるのは、正直言って恥ずかしいですよ。周りの人に迷惑をかけてないかすごく不安になるし、怖がられるかもしれないし。遊んでる最中も、心配で楽しめないんです」とみんなが口をそろえる。

イスラム教の戒律を、どこまで守るかはあくまで個人の裁量に任されている。一日に何度祈るかも、彼らの自主性に任されているのだ。それに例えば日暮れの礼拝がどうしてもできないのであれば、昼の礼拝で2回するなど便利なシステムもある。彼らは工夫しながら対応はしているが、それでも、時間通りにお祈りをするのは、彼らにとって重要なのだ。

モスクで私たちの本当の姿を見せたい。フィカルさんの葛藤

話が少しずれてしまったので「なぜモスクが必要か？」を再び聞いてみた。

「さっきも言ったけど、金曜日にモスクに行かないと地獄に落ちそうで、嫌な感じやわ」とフィカルさん。

日々のお祈りと、モスクでのお祈りは、彼らの中では大きな違いがある。それはわかっているが、その理由はぴんと来ない。

女性たちにも「モスクが必要な理由」を聞いてみたが「みんなでお祈りしたい」「ないと困ります」と言うばかりだ。

「モスクで集団でお祈りしたら、神様からのご褒美も増えるんですよ」とフィカルさんは言うが、どうも理解できない。彼らにとって、モスクは子供のころから当たり前に存在しているものだった。他にも必要な理由があるはずだが、具体的に言語化することは、難しいのかもしれない。

また、公民館などで広い部屋を借りて集まる場合、場所によっては3ヶ月前に予約しなければ

ばならない。宗教団体だから貸してくれないこともある。

しかしそれでもこれほど大きな挑戦をする動機としては、私には十分とは思えなかった。

「それともう一つ、一番大切なこと。モスクができたら、日本人に遊びに来て欲しいんや。決まった場所がないと、遊びにこれんじゃないですか？」と言うフィカルさんに、私は半分冗談で提案してみた。

「カレーを売ったらいいんじゃない？」

「おお！　いい考えです。でも売るんじゃなくて、無料でふるまいたいね。」

「じゃあ、絵の展覧会とかは？」

「それもおもしろそうね！　あ、でも絵は偶像崇拝になるからダメか。マルシェはできるわ。あとヒジャブをかぶれるイベントとか。日本人の女の人にヒジャブ、似合うと思うんや」と思わぬところで、話が盛り上がったが、次の瞬間発せられたフィカルさんの言葉に、心がざわついた。

「私たち、日本人から『あなたテロリストやろ？』って言われることがあるんです。他の国で悪いムスリムが、よくないことをしたから、私たちも怖がられる。だから、本当の、私たちムスリムの姿を、日本人に知って欲しいんですね。モスクに遊びに来てくれたら、私たちがどんな人かわかるじゃないですか。お祈りしなくてもいいし、友達の家にくる感覚で来てくれると嬉しいんや。日本人ともっと仲良くしたいけん」

のちに、他のインドネシア人たちにも聞き取りをしたが、テロリストだといわれた経験がある人は多かった。同僚に冗談っぽく言われたり、街で知らない人に「おーい！　テロリスト！」と叫ばれた経験がある人も一定数いた。特に、ＩＳの残虐なニュースが報道されていたころ、ＩＳがイスラム国と呼ばれるようになり、イスラム教は危険な宗教だというイメージが強化されたことを、肌で感じるようになった。そのほとんどは言葉による差別だが、石を投げつけられたり、自転車で走っていると車輪に棒を差しこもうとしてきたり、職場で無視をされたり、といったひどい差別を受けたことがある人もいる（しかし、こういうのは少数とのこと）。これはイスラム国とはなにか、イスラム教とはどんな宗教かを伝えないメディアの罪でもあり、ある種のメディアレイプに彼らはさらされている。特にヒジャブをつけている女性は、見た目でムスリムだとわかるので、知らない人の視線を感じることがある。日本人は、そういった失礼な言葉や本心を口にする人が少ないことを知っているので、心の中でどう思われているか心配になることがよくあるそうだ。日本人と話す機会があっても、相手のちょっとしたしぐさや（例えば、目を見て喋ってくれないなど）、言葉の端々から、「私は怖がられているのではないか」と過度な疑心暗鬼に陥ってしまうときもある。また、無差別テロが起きるたびに「私はムスリムです」と言いづらくなり、自らの信仰を隠す人も多い。ここで明確にしておくが、ＩＳは超少数の過激派の集団だ。またその他のテロリストや過激な原理主義者の集団も、19億人いるといわれるムスリムのごく一部にすぎない。一般的なムスリムたちは「イスラム教をちゃんと勉強していない人」と過激派を評する。

恋愛の場モスクと、他者への信頼感

話し合いは終わり、親しそうに世間話が始まった。その会話は、「瀬戸大橋を見たい」「休日何してるの？」「美味しいうどん屋はどこ？」などだ。他にも、K-POPなどの流行の音楽のことや日本のアイドルのこと。最近見た恋愛ドラマのことを話している。非常に楽しそうだが、フィカルさんたちと彼女たちは初対面だと言うので驚いた。旧知の友人が集まっているようにしか見えない。

「JKT48って知ってますか？　ジャカルタのAKBです」と、アマンダさんがスマホでグループの画像を見せてくれた。その名前は知っていたが写真を見るとメンバー全員がヒジャブをしていない。

「同じムスリムと言っても親の教育や、自分の意志で、どこまで戒律を守るか違いがありますよ。ムスリムはみんな一緒っていうイメージは、あまりもってほしくないですねえ」と、女の子たちはいった。

また、インドネシアではお洒落な柄のヒジャブが流行しているようで、画像を見せてくれたが、その多様さにも驚いた。一色もの、花柄、無数の小魚がプリントされたもの、サイケっぽいものもある。東京タワーがプリントされたヒジャブには、笑ってしまった。これは偶像崇拝にはならないのか。

流行の巻き方や柄もあるらしく、長めのサイズの布を使って巻いたり、戒律を守りながらも、どうやったらお洒落に見えるかを考え、楽しんでいるのだという。

そんな女子トークで盛り上がる中、ある女の子だけが俯いてスマホをいじっていた。黒いヒジャブを纏う純朴そうなエバさんだ。隣でアマンダさんが、意味ありげな笑いを浮かべている。彼女が言うには、エバさんは日本でインドネシア人の彼氏ができた。技能実習生同士が日本で出会って付き合うことが多いらしく、お金を貯めるだけではなく、出会いを楽しみに来日する人が大半のようだ。

エバさんは、ほおを紅潮させ、スマホを急いで隠した。

「照れてしまいます。彼とは福岡のモスクで出会いました。それからメールで連絡を取り合って、付き合うことになりました。彼は福岡に住んでるから、一年に一回しか会えないけど、もうすぐ結婚します。」

モスクは恋愛が始まる場所としても機能しているのか。これにも驚いたが、一年に一度しか会わない相手と結婚することにはもっと驚き、大丈夫なのかと心配になった。

「今はＳＮＳで連絡取り合えるし距離は関係ないですよ。イスラム教をちゃんと信じている人なので、いい人なのはわかっているから。」

私は彼女の話に唖然とした。彼女たちの他者との距離感は、物理的にも、精神的にも私が慣れ親しんだものと大きく乖離しているようだ。

私は筋金入りの個人主義者で集団行動が苦手だ。実家は、戦後にできた住宅街にあり、近所づきあいがほぼなく、家族や親戚との関係性も薄い。祭りなど地域コミュニティーの催しに参加したこともなかった。私はそんなに簡単に人を信じられないし、他者との距離を遠く感じることが多々あり、距離感をより複雑に捉えてしまうことに悩んだ時期もある。これは、私だけの悩みではないはずだ。特にコミュニティーが崩壊し、個人主義が蔓延した時代に生きる若い世代にとって、身近な問題だろう。だれもがどこかに、孤独感を感じ、不寛容な社会から切り離されそうな不安を胸に生きている。日本社会を覆う病理の一つと言っても過言ではない。自殺率の高さや孤立無縁の中で生きる人たちの増加。さまざまな問題が、他者との距離感のなかに、存在している。この違いを生むものの一つは、祈りなどの戒律や信仰、場所を共有する習慣だろうと、私はフィカル家での体験で理解していた。だが他にも何かあるはずだ。彼らとの接触は日本社会の他者との距離感を捉え直す、いいチャンスなのかもしれない。そんな思索をフードコートで巡らせていた。

「そろそろ帰ろう。女の子たちも、早く帰らなきゃ危ないね」とフィカルさん。

みんなで一緒に外に出ると、彼らはママチャリに乗り、集団で列をなして帰って行った。フィカルさんは車で来ているので、友人を大学の寮まで送り届け、自宅へ戻るという。1時間はかかるだろう。私はといえば、正直、すんなり集金できたことに肩透かしを食らった気分だった。この辺りに他人の苦労を好むマスコミの精神性が、どうしても顔を出す。

残念そうにしていると、「次の土曜日に、他の技能実習生の寮に募金のお願いに一緒に行きましょう」と誘ってくれた。今度こそ説得する姿が見られると希望を抱き、私も帰路に着いた。


金曜日の夜、電話がなった。フィカルさんからだ。

「お疲れ様ですー！　明日、集金に行かんようになりました。」

寮の技能実習生たちから電話があり、「わざわざ来なくても喜んで寄付をします」と言われたらしい。これでめぼしい技能実習生の寮は訪れたので、しばらく寄付活動はストップするのだという。

「ところで、いくら貯まったの？」

「300万円くらいですね」

すごい。募金活動を開始して3ヶ月くらいだ。しかし、技能実習生にこれ以上寄付を頼むのはかわいそうということで、これから新たに資金集めの方法を考えなければいけないとのことだ。

「とりあえず、X市で購入できそうな建物か土地を探そうと思っています。不動産屋さんでだれか知り合いがいたら、教えてくれませんか？　面倒かけるけど」

そんなことを頼まれるとは思ってもみなかったし「自分で探したほうがいいんじゃないか」と言いかけた。X市に15年も住んでいるのだから、X市に縁のない私よりも詳しいだろう。彼らの純度の高い信仰に触れたが、それでもモスクが必要な理由が判然としないまま、取材者として、どこまで介入していいものなのかという、葛藤もあった。しかし「不動産屋を紹介してほしい」という願いの背景には、この国で経験してきた、ムスリムの痛みがあったのである。

第3話　義理と人情の男　フィカルの波乱の半生

ラマダン明けのフィカル特製カレー

私はまだこのフィカルという男のことをよく知らなかったので、不動産屋を探す前に、彼の人柄を理解したいと思っていた。モスクができて、地域住民とのあいだに問題を起こしそうな性格であれば、深入りしないほうがよいかもしれない。

これまで出会ったインドネシア人たちは「フィカルさんは優しくて、まっすぐで、ええ人です」と、口をそろえる。私もそう思う。なんというか、私たちが憧憬の念を抱く人情映画『三丁目の夕日』臭がプンプンするのだ。この男は、一体どんな半生を歩んできたのだろう。そして、なぜ日本で家族を持つことになったのだろうか。

そんなとき「うちに来ませんか？　カレーをご馳走します」と誘ってくれた。その日私は、彼の波乱万丈な半生を聞くことになったが、カレーを吹き出しそうになるほどの驚きの連続だった。そして彼の経験を通して、可視化されづらい地方で暮らす移民のリアリティーと、地方都市の情の深さを知るのだった。

2019年の5月。ラマダン明けの晴天の日だった。X市の郊外にある住宅団地に、フィカル家はある。「よう来てくれました！　ささ、どうぞ」と、ご機嫌に迎えてくれるフィカルさんが通してくれたキッチンは、真ん中にテーブルと椅子があり、シンクの横に洗った皿が整然と並べられていた。フィカル家は、奥さんと3人の娘の5人家族だというのは知っていたが、どの人が家族なのか前回の来訪時のカオスでは、見当がまったくついていなかった。一転、今日は静まり返っている。奥さんはどこかにいるのだろうか。人がいる気配はする。

「ちょっと待っとってな。ご飯を用意するけん。そこで、座っててくださいね。」

フィカルさんは電子ジャーの炊きたての白米と、レンジで温めたカレーを、慣れた手つきで皿に注いで渡してくれた。

「このカレー好きやろ？　ご馳走しようと思って、2日前から煮込んでたんや。」

ムスリム社会では男性は料理をしないと勝手に思い込んでいた私は「フィカルさんが？」と思わず聞いてしまった。

「そう、私がよ。料理するん好きなんです。」

いい匂い。一口食べる。相変わらずうまい。牛肉のミンチのパサパサのカレー。これはフィカルさんの郷土であるスマトラ島の料理だ。かつて航路でインド人との貿易が盛んに行われ、メッカへの巡礼も船だったので、長い航海に耐えうるカレーが生まれたのだ。

ふと床に目をやると、大量のレッドブルが並んでいる。

「仕事が終わって、その後で寄付のお願いに行くでしょ？　あんまり寝られてないから、これ飲んで頑張ってます。でも以前は夜中の0時まで働いてたから慣れてるね。やないと、家族養えんかったからね。」

私も異国で暮らすことの大変さを少しは理解しているつもりだ。おまけにフィカルさんは3人の娘を養い、マイホームも購入している。きっと筆舌に尽くしがたい苦労があるのだろう。

青春の終わり　母国での起業資金を貯めるため、日本へ

フィカルさんは9人兄弟の5男として、インドネシアの西スマトラ島の郊外の街で生まれた。子供のころは、山や川や田畑を駆け回り、自転車のタイヤを棒で転がしたり、サッカーをして遊んだそうだ。

「川で魚を釣ったり、お父さんに山にハンティングに連れて行ってもらったり、楽しい思い出ばかりね。釣竿は竹で作ったね。ナマズが美味しかったですね。」

父は車の部品を販売する小さな会社を営んでいた。「どんな状況でも生きていけるように準備をしておく」という父の教育方針で、小学生のころから放課後は仕事を手伝った。中学生に

なると、友達と街の交差点に座り込んでたわいもない話をしたり、ギターをもって歌を歌ったり、ゲームや麻雀をして時間をつぶした。金曜日のモスクでのお祈りを除いては、日本の若者と大きくは変わらない青春時代だったのだろう。シャイなので女友達は少なかったが、男友達はたくさんいたらしい。

高校卒業後は父に日本で働くことを勧められ、技能実習生を育て派遣する学校へ通いはじめた。当時は3年の期間を終えると帰国する制度だったが、その間に120万円は貯められる。母国で1000万円ほどの価値を持つ大金を持ち帰り、起業する目算だった。

来日にかかる学費や、渡航費、ブローカーへの手数料は、両親が工面してくれた。しかし学校卒業後も、働き先がなかなか決まらなかった。当時は、いまほどインドネシアと日本の企業にパイプがなかったのだろう。2年がたち、もう日本行きはあきらめていたころ、体調を悪くしていた父が亡くなってしまった。フィカルさんは悲しみに暮れ、毎日のようにお墓に通い、お祈りをささげた。

もうこれ以上待てないと、隣国のマレーシアへ出稼ぎに行くことに決めた。マレーシアにも仕事はたくさんあり、インドネシアよりは給料が高かったのだ。だが運命は不思議なものだ。出発の直前、日本語学校から電話があり、日本での就労先が決まったことが伝えられたのである。

その時フィカルさんは22歳。受け入れ先は香川県の鶏肉ブロイラー加工会社と聞いた。不安もあったが、日用品と缶詰を少し、そして家族の写真をバッグに詰めこんで日本行きの飛行機に乗った。

「楽しみだったよ。日本は素晴らしい国やって聞いてたからね。小さいころね、『おしん』をテレビで見てたから、ああいう人たちが住んでるんかなあ?って。でも飛行機の中で家族のこと思い出したら、ボロボロ涙がでたね。私、泣き虫やったから。」

関西国際空港に到着して、すぐにバスで香川県高松市に向かった。

インドネシア人は他に9人いた。同じ会社で働く男性が2人と、高松市の会社で働く男性が7人。ホテルに2日間宿泊し、管理団体の職員たちに日本の常識や生活スタイルを教えてもらった。

初めての職場、畳、弁当、同僚、ホームシック

西暦2005年だった。日本は愛知万博の開催で沸き、郵政民営化法の成立で新自由主義がさらに促進された年である。現在20万人を超える国内のムスリム人口だが、当時は約5万人。フィカルさんが働くことになったX市にはインドネシア人はいないと聞いていた。

バスで受け入れ先の鶏肉ブロイラー加工会社へ向かった。

「到着して車から降りたら、おばさんがホースで水打ちしてたんや。ニコニコしてこっちを向

いてくれて。いまでもあの顔は覚えてる。あ、これは『おしん』で見た日本人のおばちゃんやってうれしかったよ。それが社長の奥さんやった。」

インドネシアでは『おしん』が人気のようで、あの苦労と我慢、成功の物語はムスリムの琴線を刺激するようだ。社長にも挨拶をし、当面暮らすことになるアパートの一室へ案内された。社長夫婦にとっても、初めての技能実習生の受け入れだった。

「畳の匂いを初めて嗅いで感動したよ。最初は3人で一部屋に住んでた。私は押入れの中で寝ていたよ。ドラえもんみたいね。でも寝心地がよかったわ。そこには2ヶ月くらいいて、すぐに立派な家を用意してくれたよ。」

次の日から早速仕事だった。業務時間は朝6時から15時まで。時給は625円。月給は12万円。仕事の内容は、鶏肉を捌くこと。ムスリムには命を扱う前に行う儀礼がある。その日の作業を開始する前に、他のインドネシア人と一緒に「みんなのために命をください」とアラビア語で祈るのである。その後、鶏をまな板に乗せ、まず肩を外して、もも肉やささみ部分を切り落としていく。

難しい作業だった。作業が遅れると、社長と奥さんの怒声が飛んだ。日本人の若者のバイトもいたが、叱られるとすぐやめることに驚いた。

もともと器用なフィカルさんはすぐに仕事を覚えたが、精神的につらい日々が続いた。若くして異文化の中に放り込まれたストレスに耐え切れず、ホームシックにかかり、毎日のように涙を流していたのである。その姿を見た奥さんは「なんで泣いてるん？」と声をかけてくれた。

「すぐにでもインドネシアに帰りたい。お母さんに会いたいと、目に涙をためて正直に伝えたね。泣いてるん見られて恥ずかしかったし、叱られるかなあと思ってたけど。」

だが、思いもよらぬ言葉が返ってきた。

「ここで働いているうちは、私のことをお母さんやと思いなさい」とフィカルさんを抱きしめ、腕にキスをしてくれたのである。温かい体温に包まれたその時、仕事中に飛び交う言葉の裏にある愛情を理解したのだった。

「ほんま、感動的な瞬間やったね。あの優しさのおかげで、元気を取り戻したね。」

同僚の中国人女性も、フィカルさんを応援してくれた。彼女はフィカルさんの10歳年上で、来日後に日本人と結婚したが離婚。子供を引き取り、駅前のショッピングモールの野菜売り場との二足のわらじで育てていた。

彼女は「あなたは男、私は女。私は一人で日本に来て、もう12年。だから頑張りなさい」とフィカルさんを激励した。

「何かと気にかけてくれたなあ。職場で余った野菜をくれることもあったよ。私、男友達とはすぐ仲良くなれるけど、女の子には照れてしまう恥ずかしがり屋さんやから、ニコニコしてただけやけど。おかげでホームシックがどっかに行ってしまったね。」

こういった移民同士のささやかな助け合いは、いまでも私たち日本人からは見えないところで起きているのだろう。

もらった恩は、必ず返す。仕事に明け暮れる毎日

それからも社長と奥さんは、フィカルさんたち技能実習生を家族のように可愛がってくれた。

在日ムスリムは、いまでもどの料理に豚やアルコールが入っているかがわからないと悩む人が多い。そして、ほとんどの人が一度は間違えて豚肉の加工食品を食べてしまった経験がある。日本食の味に慣れるまでにも時間がかかった。焼き魚や卵豆腐だけは美味しく感じたが、どの料理もインドネシアのように香辛料がきいていないので、違和感があった。

当初、フィカルさんは家でつくった卵焼きと白いご飯をパッキングして職場で食べていた。それを見た奥さんが、「ありゃ、かわいそうやな。これやったら大丈夫やろ」と、鶏肉や魚の弁当を毎日用意してくれるようになった。

「朝ごはん用のパンも用意してくれてたわ。あ！　あと、ぜんざいをつくってくれたこともあるよ。うまかったなあ！　冬になると、毛布や電子レンジを寮まで持ってきてくれたのにも、すごい感謝しとるわ」とフィカルさんは当時のことを振り返る。

そこまでしてくれたら、お礼がしたい。昼休み中も作業をするようになった。奥さんはそれを見て「何してるん？　休みなさい！」と言ったが、それでも続けた。残業代の代わりにとお

小遣いをくれたが、フィカルさんは受け取らなかった。

「あのな、お金の問題じゃないんや。恩を返したかっただけなんや」

こうしてフィカルさんは日本人に、強い感謝を覚えていったという。

「社長と奥さんには、いまも感謝しているね。ほんまにええ人たち。私、運がいいね。神様にお祈りしとるけん」と、ここでいつものフィカル節が炸裂した。

「やから、日本人になんでもええから恩返ししたいし、もっと仲良くなりたいんや。モスクがあれば、もし食べるのに困っている日本人がいたら、食事をわけてあげることもできるし、災害があったら避難所にも使えるやろ。」

駅前の広場で酒盛りをするおじいさんたちとの出会い

異国で暮らす孤独感は、しかし、簡単に消えるものではない。当時はインターネットも未発達で、同郷の友人もできなかった。日本人と仲良くなりたかったが、街にいる同年代の若者に声をかける勇気はなかった。唯一の忘憂は、水曜日の夜。駅前の公衆電話から家族にかける国際電話だった。商店で購入する2000円のテレホンカードで、40分の通話ができる。母や兄弟の声が電話機を通じて聞こえる。10分で電話を切るつもりで受話器をとるが、いつのまにか

40分が過ぎ、電話が切れる。

時間を潰すために、自転車で街をさまようこともあった。

粗大ごみ捨て場は宝の山だ。まだ使えそうなテレビや椅子、ソファや自転車をゴミとみなす、日本人の感覚に驚いた。ウォークマンがあったので、家に持って帰り修理して使った。インドネシアから持ってきたアザーンのCDを聞きたかったのだが、逆にホームシックになってしまい、代わりに職場のおばさんが教えてくれた長渕や松山千春を聞いた。

今はフィカルさんも、簡単に物を捨てるようになってしまった。よくないと思っているが「日本は何でも安いからな。日本に慣れてしまった」とフィカルさんは言う。

毎日のマラソンも日課になった。30分ほど走った後に向かうのは、駅前の広場。ベンチに腰を下ろし、街を観察した。いまは人口減少が進む地域だが、当時はまだ活気があったのだという。ベンチから見える駅前や広場には人の群があり、ダンスを練習する高校生や、買い物をする親子、帰宅するサラリーマンの姿があった。

「そんな景色を見ながら、早くインドネシアに帰りたいなあって考えてた。でもビジネスの資金と、お母さんにメッカに行ってもらう旅費を貯めたい。どうせ3年やから頑張ろうって、自分を奮い立たせていたんや。」

そうなのだ。フィカルさんは本来なら2008年までに母国へ戻っているはず。しかし、今も香川県にいる。なぜ、どんなことがあって今日に至るのだろうか？　フィカルさんは当時のことを懐かしそうに話し続ける。

「その駅前の広場で、毎日おじいさんたちが集まって、昼間っから酒盛りしてたんや。それを眺めてたら、なんか言ってきたんや。」

酔っ払っているおじいさんの方言は、日本人でも聞き取りにくい。何を言っているのかわからず、差別的な言葉をかけられているのかとも思った。恐る恐る近づくと「お前、どこからきたんや？」と聞かれた。

「インドネシアやって答えたら、『こっちきて一緒に話すか？』って言うてくれた。おじいさんたち、めっちゃ酔っ払ってたね。いろいろ話をしたんやけど、私のことを気にいってくれたんか、別れ際に『明日も来い！』って。それから毎日、そこでおじいさんたちと話しよった。いい人たちやったよ。讃岐弁も、そこで上達したわ。」


特に仲がよかったのは、亀さん、さかちゃん、まっちゃん、のんちゃん。「この辺のことは詳しいけん」と自転車で一緒にうろうろして案内してくれたり、讃岐名物骨付鳥のレストランにも連れていってくれた。会話の大半は、冗談ばかりだったが、彼らとの時間はフィカルさんにとって救いであり、対等に話ができる初めての日本人だった。いまはそのうちの3人が亡くなってしまったと、フィカルさんは悲しそうな表情をする。仕事をリタイアし、活気がなくなっていく街で昼間から酒を飲んでいたそのおじいさんたちにとっても、フィカルさんとの交流は心の支えになっていただろう。存命の、のんちゃんとは現在もたまに連絡をとり合っている。

そして迎える、運命の時

その広場では、たくさんの出会いがあった。フィリピン人、中国人、ベトナム人、出稼ぎの外国人たち。そしてある日、運命を大きく変える人物とも出会うことになる。

「ぼんやり座っていると、60歳くらいの日本人のおばさんが話しかけてきたんや。私が外国人で、広場で一人でいたから心配してくれて。」

おばさんは、フィカルさんと会うたびに声をかけてくれた。やがて一緒に食事や、カラオケに行く関係になった。すべて、おばさんの奢りだった。

家の庭の草刈りを頼まれたこともあった。15分で終わったが、1万円もくれた。フィカルさんの懐事情を心配し、お金をあげたかっただけだったのだ。しかしフィカルさんは受け取ったふりをして、こっそりストーブの下に1万円を置いて帰った。後日、それに気づいたおばさんから「なんで受け取らんの？」と電話があったが、フィカルさんは「気持ちでやってるから」と言った。

おばさんはフィカルさんと同僚のインドネシア人も誘ってくれるようになった。彼女は彼らに服を買い、携帯電話を契約する際の名義も貸してくれたのだという。技能実習生は1年以上日本に居住しないと、携帯電話を借りられなかったのだが、おばさんのおかげで携帯電話を持つことができた。信じられないほど、優しい人だ。

その時、おばさんが親代わりになって育てたという女性が、よく車で迎えに来ていた。フィカルさんと同じくらいの年齢だった。シャイなフィカルさんは、緊張してしまい、ほとんど喋ることはなかった。彼女もまたシャイだったが、たまにメールでやりとりをするようになった。

「で、そうこうしているうちに試験があって。」

当時は一年に一度、日本での就労を継続するための試験があった。その試験に受からなければ、3年を待たずに帰国を余儀なくされる。それをおばさんに言うと「もし受からんかったらさみしいなあ。そもそも3年で帰らないかんのやろ？　どうやったら、日本におれるん？」と聞かれた。

フィカルさんは「だれかの養子になるか、日本人と結婚するか」と答えた。

何気ない会話だったが、その3日後におばさんと広場で会うと、驚くことを提案された。

「うちの娘と結婚せんかな？」

「びっくりしたね。えーっ！てなったよ。いきなりすぎるよ。そもそも、2人で遊んだことなかったし、喋ったのも少なかった。ドッキリかと思ったよ。」

フィカルさんは、ムスリムと結婚することがどういうことか、説明をした。イスラム教に改宗して欲しい。改宗すればお酒も飲めないし、豚も食べられないし、毎日お祈りもして欲しい。

日本社会でこれらを守るのは難しいことを、フィカルさんは知っていた。

「それに私、毎日鶏のファンまみれだったし、インドネシア人ね。日本人と結婚するのが許されるんかなって、恥ずかしくなってしまって。彼女にちゃんと聞いてみてくださいって言うたね。」

フィカルさんの、甘い恋

冗談だと思っていたフィカルさんは、半信半疑で返事を待った。その間、ちくちく胸が痛んだ。フィカルさんは、その女性のことを好きだったのだ。「まあ、でもやっぱりおばさんが勝手に言っているだけなんやろなあ」と思っていたが、1週間後に会ったおばさんからの話に、さらに驚いた。

「うちの子も結婚したいって言うてるわ。とりあえず一緒に遊んでみたら?」と言うのだ。どうやら彼女もフィカルさんのことが好きだったようだ。とはいえ、フィカルさんは困った。日本人女性と、どんなことをして遊んだらいいのだろう。それから2人で出かけるようになったが、2人きりになると緊張してしまい、話しかけるのも恥ずかしかった。うまく日本語が喋れているかも気になった。だが、瀬戸大橋を見に行ったり、近所を散歩したり、プリクラを撮ったりしているうちに、2人の距離は、ゆっくりと縮まっていった(とはいっても、結婚までは手も繋いでいない)。

その期間も、おばさんの家で草刈りを頼まれることがあった。今度は謝礼を受け取り、彼女へのプレゼントを買った。駅前のショッピングモールで1枚4000円のシャツを2着。彼女が好きなマルボロのカートンを2箱。

「他にもプレゼントしたことあるけど、私がお金ないの知っているから、いらんっていうんや。私も日本人が好きなものがわからんから、それからはマクドナルドでセットを買って持って行ってあげてたなあ。」

お返しに彼女も、財布、服、靴をプレゼントしてくれた。高価なものではなかったが、フィカルさんはその気持ちがうれしかった。

「徐々に仲良くなってお互い大好きになって、自然な流れで結婚することになったね。インドネシア人にはプロポーズの習慣がないんです。付き合ったら、結婚するのが普通やから。」

そして2年後。技能実習の期間が終わり、インドネシアで結婚式をあげた。まずはモスクで家族らとともに、結婚の誓いを立てる。その後、披露宴は3日間フィカル家の庭で盛大に開かれた。インドネシア人男性が日本人女性と結婚する例は極めて稀らしく、メディアからの取材依頼もあったらしい。

「私は披露宴したくなかったね。お金かかるし、みんなに注目されて恥ずかしいし、目のまわりに化粧したりせないかん文化もあるし。でもお母さんが一度しかないから我慢せえ言うから、しょうがなくやったね。」

結婚式は親族だけではなく、近所の人も自由に参加できる。祝儀は親戚であれば5000円くらい、友人であれば100円くらいの人が多かった。総勢1500人くらいが参加してくれ、バイキング方式でみんなが適当にご飯を食べたり、話したり、カラオケをして、飽きたら帰っていく。フィカルさんと奥さんも、奥さんが好きなコブクロの歌をデュエットした。家の前には大きなお祝い看板が並び、道路は事前に近所の人や役所に話をつけ、通行止めにしてもらったというから、その盛況ぶりがよくわかる。服は一日に3回くらい着替え、そのたびに写真撮影を友人たちにせがまれるから、かなり疲れたという。

「年上のおっさんたちが次々に挨拶に来て、結婚の心得を教えてくれるんや。『家族にお金がないときは、お互いの嫌なところがでるから我慢しろ』とか。『どっちか一人が怒っても一人が黙っとけば喧嘩にならん』とか。親族はみんな仲が良いし、よく集まるよ。絆が強いけん。たまに里帰りしとるんやけど、その度に奥さんが泣くんよ。日本では珍しいほど、家族が温かいんやって。」

フィカルさんの奥さんは複雑な家庭事情の中で育った。父の幼馴染だったという、血のつながりのない女性が彼女を育ててくれたのだ。彼女にとって、フィカル家の親族の絆は、その過去を埋め合わせるのに十分すぎるほど、温かいものだった。私は彼女がフィカルさんに惹かれた理由の一端が分かった気がした。この男となら、絶対的な絆を築いていけそうだと思ったのだろう。

「ああ、この話しよったら昔の甘い気持ちを思い出してきたわ。もっと嫁さんを大切にせないかんなってなるな。人間は忘れる生き物やわ。でも、私はラッキーやといつも思ってるよ。本当に、いい嫁さんもらったね。神様に感謝せないかん。」

日本に帰国したフィカルさんは、日本の役所に結婚届けを出し、永住権を取得。この時期、お世話になった鶏の会社以外に、2つのバイトを掛け持ちし、身を粉にして働いた。朝4時半に起きて、職場に行き、お祈りをする。昼になったら、他のバイト先へ。18時まで働き、お祈りをして、慌ててご飯を食べる。それから運送会社の仕分けのバイト。19時から0時まで働き、帰宅して深夜1時半に就寝する。そんな日々の中、待望の長女が誕生した。

「子供が生まれた時は言葉にならないくらいうれしかったよ。世界で一番幸せ。子供のためなら、仕事も全然辛くなかったわ。」

ムスリムは子供が生まれたらヤギを料理して、近所の貧困者に振る舞う慣例があるので、母にお金を送金し、代行してもらった。イスラム教の戒律を真面目に守ろうと、生活スタイルを変えはじめたのもこのころだ。

やがて次女と三女が誕生し、家族のために給料面で発展性のある造船の溶接工に転職する決意をした。

「鶏会社の社長たちに申し訳ない気持ちでいっぱいやったわ。社長には直接言えなくて悩んで、3日間眠れんかったよ。私が日本に来れたのも、結婚できたのも、社長と奥さんのおかげやし、息子みたいに扱ってくれてたんや。本当ならずっと働いて、恩返しをせないかんから。でも子供たちのためやから。」

溶接の仕事はインドネシア人が紹介してくれた。当時は造船の企業と繋がることさえ困難だったという。溶接の経験がなかったので、時給は900円。早く技術を覚えるために社長にお願いし、無給で残業した。2ヶ月半で簡単な溶接ができるようになり、他の造船会社からヘッドハンティングされた。お世話になった会社を離れることに抵抗があったが「家族を楽させるために」と会社を移った。時給は1000円、1250円、1750円と、徐々に上がっていった。

造船の溶接は好きな仕事だ。海上に溶接を施した巨大な船があると、誇らしい気分になる。修行期間に技術を親身に教えてくれたのは、当時60代の男性だったというから、フィカルさんは年上に可愛がられる星の下にあるのかもしれない。「今の私があるのは、師匠のおかげよ」と、フィカルさんは、感謝を忘れていない。

このころからインドネシア人や移民の友人に、相談を受けることが増えた。親身になりすぎて、金を騙しとられることもあったが「人に優しくしよったら、いつか神様が返してくれるけん。ショックやったけどね。いま私、お金持ちじゃないけど、子供も奥さんも健康ね。それがあったからやと思っとるよ」とどこまでもポジティブなのだ。

私はいつのまにかカレーを食べることも忘れ、聞き入っていた。フィカルさんは半ば信じられないほどの幸運の連続の末、香川県に根を張ったのだ。いや、これは幸運ではなく、彼の人間臭さと、人情味溢れる性格が引き寄せた運命だ。鶏会社の社長夫婦も、広場のおじいさんたちも、おばさんと奥さんも、師匠も、かつて日本にあったものをフィカルさんから感じ、あるいは思い出し、惹かれていったのだろう。義理と人情。フィカルさんの人生からは、昭和歌謡や演歌が爆音で聞こえてくる。

「やっぱりイメージしていたモスクを建てる人とは違うな」という感想が頭をよぎった。この感想は、ムスリムという枠の中にフィカルさんを放り込み、その前提で、彼と対話をしていた不遜の証明でもある。私は海外に住んでいたころ、「日本人」という枠にカテゴライズされ、そのイメージを押し付けられることを嫌っていたが、無意識に同じことをしていたのだと気づく。当然だが枠の中は単色ではなく、グラデーションがある。

家族との祈りのあとに、『とんぼ』を熱唱

フィカルさんが「写真を撮りませんか?」と、スマホを持った手を伸ばし、こちらにレンズを向けてシャッターを切った。

「ありがとうございます。うちに日本人の友達が来るの、初めてね。だから記念に写真。本当に来てくれてうれしいね。」

ディスプレイに映る私もフィカルさんもいい笑顔だ。

そうこうしていると、部屋の外から「パパー。はやくきてー」と女の子の声が聞こえてきた。フィカルさんは、「あ！　お祈りせな。子供が呼んどるわ」とシャワー室で手や足を水で清め、準備を始めた。

お祈りを見たいと言うと「もちろん」と許可をくれたので、私も一緒に畳の部屋に向かった。そこでは小学生の可愛い女の子2人と奥さんが、すっぽりと白いヒジャブをかぶり、待っていた。奥さんに挨拶をする。ヒジャブの奥に見える目が、恥ずかしそうに笑った。フィカルさんがその列に加わり、手のひらを上に向け、「アッラー・アクバル」と祈りの言葉を唱える。私はその姿を、後ろから見つめた。まだ幼いのでお祈りに参加しない三女と、愛猫のバランが私の横に座ってくれた。

フィカルさんの声は、いつもの高い音域ではなかった。威厳ある父の声になる。何度か礼拝をした後、奥さんがフィカルさんと子供たちの手を順番に取り、キスをした。「もし何かあっても許し合おう」という無言の寛容。天使がそこに宿ったように見えた。毎日行われる、家族の共同作業だ。同じ言葉をつぶやき、同じ存在へ礼拝する。そうやって、絆は深まっていくのだろう。

さて、食事もお祈りも終わり、私は家族に礼をいって、帰宅の用意をした。フィカルさんが駅まで送ってくれたのだが、車中で突然「カラオケ好きですか?」と聞いてきた。私は音痴なので、下手でも歌える反町隆史の『POISON（ポイズン）』しか歌わない。それを伝えると「ああ、あれね!」というので、反町の影響力に驚かされた。

「私、日本の歌が好きね。まずは福山雅治の曲で、『Milk tea』ってやつ。奥さんとの出会いを思い出すね。広場でみんなで話している時、私にだけミルクティー買って来てくれたから」とその歌を歌いはじめた。

うまいねえ!と褒めると満足げな表情になる。

「あと、長渕ね」

「戻りたいけど、戻れないー!」と突然歌いはじめた。熱唱である。

「これ、日本に来てさみしかった時期の私の気持ち。カラオケでよく歌ってた。歌詞に共感するんや。長渕さんの曲は、全部好きよ。『とんぼ』も、『しゃぼん玉』も、『乾杯』も。松山千春も最高やし、演歌も大好きよ」

長渕剛や松山千春や演歌が醸し出す日本的なブルース世界は、国境や宗教を超えるのか。そんなことを考えていると、フィカルさんが新たな曲を歌いはじめた。

「幸せのとんぼがー!」

私も思わず一緒に歌った。車内に長渕の熱っぽい歌詞が響いた。私たちは共に歌える歌がある。それで充分じゃないか。この夜モスクが必要な理由の核心には近づけなかったが、この男は取材者と取材対象者という壁を軽々と乗り越えてきたのだ。

第4話 物件探しに見るフィカルさんのトラウマ

資金不足のまま、物件を探す理由

X市は造船業や化学工業などの製造業や物流企業が多く集積し、経済発展期には出稼ぎ労働者が多数流入したエリアだ。しかしバブル崩壊とともに、徐々に人口が減少している。2022年の人口は、50624人。駅近くに、某建築家による貴重なメタボリズム建築のアパートがあるが、そこもさびれてしまい、哀愁を漂わせている。バブル期に勢いがあったころ、この街は未来へ希望を抱いていたが、かつてはにぎわっていた商店街も、シャッター街と化している。住民の高齢化が進み、外国人労働者が増加する典型的な地方の工業都市と言えるだろう。現在の産業は、造船などの工業と市南部の土地を活かした農業が中心だ。私がX市で技能実習生らしき人を初めて見たのは、2015年くらいからだろうか。自転車をものすごいスピードでこぐ集団だった。X市の国際交流協会に問い合わせたところ、現在の外国人の人口は約10

00人。国籍別の人口数は算出していないが、そのほとんどが技能実習生とのことだ。X市は独自に外国人のための日本語教室や交流会を時々開催しているが、外国人が住みやすい環境だとは言いがたい。

フィカルさんにカレーを食べさせてもらったからには、お返しをしなければ。彼に紹介できる不動産屋を探した。フィカルさんが語った物件の条件とは「X市の主要駅から徒歩15分以内。収容人数30~80人ほどの広さ。予算は1500万円」というもの。いくら人口減少がすすんでいるとはいえ、駅近でそんな安物件がある可能性は低い。それに、事前にインターネットでも調べてみたが、物件情報が極端に少なく、値段も意外と高いので驚いた。空き物件はたくさんあるはずなのだが。

ここで重大な事実を思い出す。まだ300万円しか貯まっていないじゃないか。一体どうするつもりなのだろう?

「そこで、よい案があるんですよ。前金を支払って、物件を6ヶ月くらい仮押さえするんです。そのあいだに、インターネットで世界中のムスリムに寄付をお願いするしかないね。詐欺だと疑われないために、購入予定の物件の写真や仮の契約書が必要なんです。」

寄付を集めるために、まず物件を押さえるのか。斬新な発想だ。日本には手付金制度がある。物件の総額の10パーセントを手付金として持ち主に預け、6ヶ月ほど猶予をもらうのだ。だが期限までに支払いができなければ、手付金は持ち主の手に渡ってしまう。1500万円の物件だと150万円が水の泡になるということだ。

私の心配をよそに「それでも大丈夫です」と自信満々にフィカルさんは言う。

だが、私はX市に土地勘がないし不動産屋に知人はいないから力になれないと思っていたところに、ある男から偶然電話がかかってきた。松田茂というX市の老舗商店の倅だ。これは神の思し召しかもしれぬと、彼に事の成り行きを説明すると、軽快にこう答えた。

「ええねえ。移民が増えたらこの街も活気づくし、おもしろくなりそうや」と、すぐさま、知人の不動産屋に連絡してくれた。

過疎化が著しいX市の現状に松田は危機感を抱き、若手の経営者のひとりとして地域を盛り上げるために、さまざまな催しを行っている。マルシェやカラオケ大会など、工夫を凝らしているが限界を感じるようだ。地域活性化のために、若い移民を巻き込むことはチャンスだとも思ったのかもしれない。香川県には若い移民にバイト代を払い、祭りの神輿を担いでもらうエリアがあるようだ。そうやって、なんとか地域の伝統を維持しているのだ。

こうして1週間後の17時に、その不動産屋はフィカルさんと会ってくれることになった。

メッカ巡礼自慢話と、フィカルさんのモスクの記憶

当日、私たちは少し早めの16時にX市のファミレスで落ち合うことにした。アジア系の外国

人はファミレス好きが多い。ファストフード感覚で入店できる気軽さとメニューの豊富さがその理由だ。特にこの辺りでは、レストランやカフェの選択肢が少ないので、ムスリムにとってはなくてはならないスポットなのだ。ムスリムでも食べられる魚のフライや煮魚などの定食があり、なおかつドリンクも飲み放題で長時間いてもとがめられない。日本の食堂やレストランでは、ハムやベーコンなどの豚の加工食品が意外と料理の一部に混ざっているが、ファミレスであれば固定メニューが多いので、どれに豚の加工食品が入っているかも覚えやすい。

16時ごろのファミレスの客は高校生の集団や、ノートパソコンを広げタイピングする職業不明のおっさんが数人。また、ヒジャブをかぶった女性の集団や、ベトナム系の若者もいた。店内を見渡すと、隅っこで巨体のインドネシア人2人がお箸を持ち、何かを食べている。魚のフライ定食だった。フィカルさんの対面には、以前のフードコートでも同席したセニンさんがいた。ちょっとふくよかで、いつも微笑んでいる彼はフィカルさんと年齢が近いので仲が良いらしく、よく行動を共にしていた。セニンさんは奥さんと子供を連れて2年前に来日し、香川県の大学の農学部で博士号を取得するために勉強と研究の日々にいそしんでいる。インドネシアでの職業も教授だった。

彼はかなり信心深い人で、昨年、メッカ巡礼に行ったのだそうだ。その時の感想を嬉々として語ってくれたが、日本語がまったくしゃべれないし、癖の強い英語なので、あまり聞き取れなかった。私が理解していないことを悟ったのか、スマホをとりだし、メッカでの写真を見せてくれた。現地で出会ったという数人の男と一緒に写っていたが、みな同じ白い装束を着ている。メッカ巡礼の際は、お金持ちも、権力者もすべての人が等価値だという意味を込めてこの格好をするのだ。スマホの中のセニンさんの晴れやかな表情が、メッカに行くことの意味を物語っていた。

フィカルさんは「うらやましいね。私もいつか、奥さんと子供たちを連れていきたいわ。日本からだったら、インドネシアからより行きやすいんです」と言う。

メッカへの入域者数は、各国である程度人数が決まっているのだという。インドネシアは人口の9割がムスリムなので、かなりの競争率なのだ。

メッカ自慢も終わり満足したのか、セニンさんはおもむろに席を立った。きっとトイレだろう。私はこの隙に、フィカルさんに幼いころのモスクの思い出を聞くことにした。そういうところに、モスクが必要な理由のヒントがある気がしていたからだ。

「家族の生活の中心にはモスクがあったね。生まれて始めてモスクに行った時のこと、今でも覚えているよ。」

4歳のときに父に手を繋がれて、初めてモスクに足を踏み入れた。最初に目に飛び込んできた光景は、追いかけっこをしている子供たちだった。幼いころはお祈りはせず、ただ友達と遊んだ。無理やりお祈りをさせると、モスクのことを嫌いになってしまうからだ。インドネシアの若い世代は、信仰に熱心ではない人もたくさんいる。父は、フィカルさんにそうなってほしくはなかった。

金曜日は大好きな父と一緒に過ごせるし、夜に友達と遊ぶことが許される特別な日だった。良い思い出しかないのだという。そうして自然にイスラム教に触れたことで、思春期になっても金曜日は必ずモスクに通った。

「自分が所属しているモスクってあるの？　日本の寺だと、付き合いがあるところが決まっているけど。」

「いや、そんなのないよ。近くのモスクとか、好きなモスクに行くだけ。私の家の近くは、500mにひとつくらいあるからな。モスクは、平等にみんなのものだから。旅人が泊まることもあるし、常にだれにでも開かれています。友達とか、会社の同僚と一緒に行って、お祈りの後に庭でご飯を食べることもあるしなあ。」

モスクはムスリムにとって、神に祈りをささげるだけの場所ではないのか。日本の集落にあった、小さな公民館や集会所のような機能も備えている。近所のおじさんや知人と話をしたり、新たな友人ができる交流の場でもあるのだ。

ここまで話すと、「ちょっとコーヒーとってきますね」とフィカルさんは席を立った。戻ってくると、マグカップを3つ持っている。

私の分もとってきてくれたのだ。「コーヒーと抹茶ラテ。ここの抹茶ラテ、めちゃくちゃおいしいんですよ」と勧められ、2人で抹茶ラテをすすっていたが、10分経っても、セニンさんは戻ってこない。大の方かな?と思っていた矢先、すっきりした表情で巨体を揺らし戻ってきた。よく見ると顔が濡れている。

「セニンさんはお祈りしてきたね。駐車場の隅っこで敷物敷いて。私はまだまだやから、外で一人では恥ずかしくてできんよ」とフィカルさんは、苦笑いを浮かべている。彼は、セニンさんの信仰心に敬意を抱きながらも、同時に、日本人からどう見られるかを心配しているのだろう。ちなみに後日、X市の駅ビルの間にある細い路地にセニンさんが絨毯を敷いて、お祈りしている現場に偶然遭遇した。

物件探しがついに始動。謎のギャグで懐を開く

さて、準備は整った。私の車を近くのパーキングに停め、フィカルさんの愛車で松田が紹介してくれた石野不動産へ向かうことに。たどり着いたオフィスで松田と一緒に出迎えてくれた社長の石野さんは、メガネをかけたぽっちゃり体型。小柄で目がぱっちりした人好きのする中年男性だった。初見では巨体のインドネシア人2人に、面食らっていたようだ。

「2人とも恰幅いいなあ。でも、ヒゲが長くないんやね。ムスリム言うたら、ほら、ヒゲがめっちゃ長くて、っていうイメージやったけど。」

「インドネシア人はそうでもないですよ。私フィカルという名前です。」

「フィカル？」

「そう、ぴかぴか光るって覚えたら覚えやすいね。」

その瞬間、石野さんの警戒心が取れたようだ。フィカルさんの讃岐弁と腰の低いお辞儀やギャグのおかげだ。

石野さんと松田は、モスクとは何か？　好きなご飯は何か？　いつ日本に来たのか？　あの頭に巻くスカーフは何か？　などなど矢継ぎ早に質問する。それにフィカルさんはジョークを交えて上機嫌で答える。

「あのスカーフは、ヒジャブっていうね。男は女性のことが気になるもんでしょ。私もそうね。それはしょうがない欲望。だから、女性は髪を隠すんです。髪は色っぽいですから。」

「スンニ派とシーア派ってあるでしょ？　フィカルさんはどっち？」

イスラム教の宗派をおおまかに分けると約90％が「スンニ派」、約10％が「シーア派」と言われてる。スンニ派はコーランや、ムハンマドの言行をまとめた「ハディース」などイスラム創始期の伝統の実践を重視する。

「私たちインドネシア人はスンニ派ね」とフィカルさんは答えた。

この様子を見て、宗教的なことでも意外と突っ込んでいいんだなと思った。触れてはいけない気がして宗教的な質問を控えていたが、フィカルさんには変な気を使う必要はなさそうだ。

フィカルさんが長渕剛が好きだと言ったところで「今度、うちのカラオケ大会で歌ってよ！」と松田が喜び、盛り上がりは最高潮を迎えた。

「フィカルさん、おもろいなあ。初めてイスラム教の人と会ったけど、ニュースで聞くイメージと全然違いますね。安心しました。モスクっていうたら、イメージが悪いから、売るのを嫌がる人が多いかもしれん。でも、君ならなんかいけそうな気がする。ぜひ、成功させましょう。」

モスクは悪いイメージがある。さらっと出た言葉だったが、これが世の中の現実なのだ。

石野さんは早速、いくつかの物件を写真とともに提案した。最初の物件は、今にも朽ち果てそうな木造の倉庫だった。ツタが絡まっていて怪しい佇まいだ。フィカルさんは「安ければいい。みんなで直します」と言うが、隣にいたセニンさんは不安げな表情になっている。

石野さんが持ち主に電話をかけてくれたが、受話器越しからかすかに声が聞こえてくる。

「え？　集会所？　外国人？　それ大丈夫な？」

聞こえているかいないのか、フィカルさんは笑顔を崩さない。石野さんは電話を切り「もう、買い手が決まったらしいわ。残念やなあ」と気を使い、嘘をついた。

次に提案してくれた物件は、3階建ての住居件事務所だった。築20年くらいの鉄筋だ。値段は1500万円で、外観は住居にしか見えない。持ち主が石野さんの知人らしく、多少の融通も効くらしい。

「おー、綺麗です。駅が近いし、いいですね。インドネシア人は、車を持っていない人ばかりやから駅の近くがいいんです。ぜひ、見に行きたいです。」

物件探しは、思いの外トントン拍子で進んでいくかもしれない。

内見で学ぶ、イスラム教の徹底した平等主義

その物件は国道に面していた。1階と3階は壁などの仕切りがない倉庫。2階は住居。廊下に面した襖を開けると、畳の部屋が連なり、トイレやキッチン、お風呂もあった。フィカルさんとセニンさんはインドネシア語で何やら相談しながら、壁を手で軽く叩いて音を聞いている。

「2階の場合、部屋がたくさんあると人が集まりにくいので、壁を壊さないとダメですね。モスクの条件で言えば、広いスペースがないとお祈りしづらいから。それと、1ヶ月に一度イマームを香川県によんで、イスラム教の教えについて、おはなしをしてもらうからね。」

イマームとはキリスト教における牧師のような存在。ただし、牧師のように神と信者をつなげる役割ではなく、人の悩みを聞いたり、イスラム教のことを教えたり、お祈りの指揮を執る。権威的な存在ではなく、イスラム教に詳しい、人格者という感じが近いかもしれない。イスラム教では、祈りを通じて個人が神と直接つながることができる。このおかげでイマームなどが過剰に権力を持つことを防いでいる。偶像崇拝を禁止し、人物画や、像、写真などをモスクに飾らないのも、同じ理由だ。また、イスラム教にはキリスト教のカトリックや正教会のような

ピラミッド型の教会組織が存在しない。それゆえに戒律への解釈も多様になるのだが、モスク建立の際にどこかの組織に許可を得る必要がない。日本の仏教寺院の多くは本山に上納金のようなものを支払っているが、そういうシステムもない。

彼らは例のアプリでメッカの方向を確認した。

「あ、こっちですね。それだとみんなが横一列になれないなあ」と言う。

そういえば、フィカル家での礼拝では7人くらいが並んだ列をいくつも成し、お祈りをしていた。人々が横一列に並んでお祈りをするのは、イスラムの教えである神の前での「平等」の精神に則したものだ。この列に入れば、権力者も、政治家も、困窮者も、一人の信徒となり、平等の宇宙に包まれる。以前、東京の代々木上原付近にある東京ジャーミイ（モスク）に当時のトルコの首相が来訪した際も、特別扱いされずに同じ列でお祈りをしたというのはよく知られている。

イスラム教は、当時ムハンマドが暮らしていたメッカやメディナで、争いが絶えなかった部族間の関係を修復する役割を果たしたといわれている。同じ神を信仰し、同じ規律や価値観を持って生きることで、所属する部族、人種、肌の色、権力を意識することのない、フラットな世界をつくろうとしたのだろう。一般的だった階級制度にも異を唱え「人はみな櫛の歯である」と表現した。そのコンセプトは戒律のいたるところに織り込まれているが、モスクを訪れ、集団礼拝をしないと、実感できないことかもしれない。

フィカルさんの不動産屋へのトラウマ

「2階は女の子、3階は男の子のお祈りの部屋にしようかな。」

フィカルさんの家では男女が同じ部屋でお祈りをしていたが、通常は違う部屋でするのか。この住居だと3階建てなので、分けられそうだ。その理由を聞くと「照れてしまって集中できんから」らしい。もっと宗教的な意味があるのかもしれないが、単純明快な説明でわかりやすい。人間は誘惑に弱く、男女はお互いに惹かれやすいので、問題の種を植え付けない工夫を施している。ヒジャブをかぶる理由からも感じたが、イスラム教のルールは、人は欲望を自分で制止できない場合があり、それはしょうがないことを前提に定められている印象がある。人間に対し、根拠なき理想を抱かないことで、人間関係の調和を図る現実主義的な面があるのだ。偶像崇拝の禁止や権威の排除なども、人が持つ支配欲への処方箋のように思えてくる。

「1階ではお店ができそうですね。その利益をモスクの維持費にするんです」とフィカルさんは次々と計画を練っている。

モスクでの商売は、運営資金のためなら許されているそうだ。ハラル食品（ムスリムが食べることを許された食品）を販売したり、余った部屋を地域の企業に貸したり、金銭的な余裕のないムスリムの留学生に安価で賃貸する代わりに、管理人を兼ねてもらうこともあるようだ。

戒律を破らない範囲であれば、わりと自由に使えるようである。

「気に入りました！　壁を壊せば何とかなるでしょう。キッチンも綺麗やし。みんなでご飯を食べて、話したり、遊ぶのも大切やから。セニンさんも喜んでいます。私はここで決めたいけど、仲間にも相談しないと。別の日に連れてきてもええですか？　みんなも気にいると思うけど、念のためね。」

一割の150万円を預ければ、6ヶ月間の仮押さえも可能とのこと。私もこの物件は条件を満たしている気がした。フィカルさんたちが喜んでいる様子に、石野さんも松田もホッとしたようで、私たちはにこやかに物件をあとにした。

フィカルさんは私をファミレスに送り届けてくれた。駐車場に降り立つとすっかり暗くなっていた。ファミレスの窓から漏れる光が、フィカルさんを照らしている。逆光で表情はよく見えないが、改まった声が聞こえてきた。

「実は今日、とても不安だったんです。結婚して引っ越すときに、外国人という理由で何軒もの不動産屋さんに断られたのを思い出して。奥さんが日本人やのに。辛かったし、情けなかったよ。しかも、モスクやイスラム教徒の印象が悪いから、断られると思ってた。本当にありがとう」と深々と頭を下げた。

感極まっているのか、少し声が震えていた。まさか不動産屋を紹介しただけで、ここまで感謝されるとは思わなかった。それほどに、当時のことはフィカルさんの心を傷つけたのだろう。

女性の強さにたじたじ。果たして仮予約は成立するのか？

それから数日後、私たちは再び物件を訪れた。フィカルさんは、あの物件を契約することに決めたようではあったが、「みんなが賛成してくれなきゃ、前に進めない」と言う。仲間たちを連れていき、問題がなければそのまま仮押さえをする。X市の不動産事情を考えると、この物件を逃すと、良い条件のものはなかなか見つからないだろう。そんなことを考えながら物件に向かった。

国道に面した玄関前は、ヒジャブの集団で華やいでいた。若い女性を中心に10人くらいはいる。

「え!? ちょっと仲間を呼ぶって言ってたけど、こんなに？」

紫、ピンク、赤の色鮮やかなヒジャブは、路上に忽然と現れた花畑のようで、国道を走る車から視線を向けられていた。口をあんぐり開ける人。目を見開く人。嘲笑するカップル。Uターンして戻ってくる車もいた。まだまだこのエリアでは、ヒジャブをかぶった女性たちが珍しいのはわかるものの、失礼な行動をとる人があまりに多い。彼女たちは気づいていないようだったが。

石野さんは、その人数に驚いていた。フィカルさんが到着し、物件の中へ。女性たちは少女のように目を輝かせ、嬉々として家の中を歩く。まるでテーマパークに遊びにきたようなはしゃぎようだ。先頭で後ろに手を組み歩くフィカルさんは「ええところ見つけたなあって、みんなが言ってくれてます」と得意げだ。

なんと穏やかな空気感。これは決まったな、だれもがそう思ったが、日本在住歴が長い40代の女性は違った。2階の壁や水回りの細部を厳しい視線で見定め、あれこれ指摘すると雰囲気が一変した。特にお祈りの前に、手や足、口などを水で清めるウドゥーについてだ。とりわけ困るのは、足を洗う時。指のあいだまでしっかり清めるのだが今の状態ではシャワー室か、シンクに足をのせて洗わなければならない。彼らは、ウドゥーで罪や穢れを流し、生まれ変わった気分でお祈りをするので、神聖な行為なのだ。ムハンマドは「清潔さは信仰の半分である」と言っている。ある程度広いスペースを改装し、4、5人が同時に椅子に座って手足を清める部屋が欲しいが、そのために十分なスペースがとれない。

女性たちは「確かに」という感じで同調しはじめてしまった。その空気に押され、苦笑いで頷くフィカルさんの姿は、母親に諭される子供のようだった。完全にその女性に押されている。石野さんが、不安そうに「どうしたの？」と聞いた。同行しているセニンさんの表情も曇っている。

「いやー、さすが女の人はしっかりしてるね。あそこを修理するのにお金かかるとか、そういうこと言ってます。私はみんなでやれば安いと思うけど。へへへ」と、気まずそうに笑った。さっきまでのこの世の春のような得意満面な表情は、すっかり消えてしまっていた。

ふと部屋を見渡すと、さっきより人が増えている気がする。いや、確実に10人くらい増えている。廊下に行くと、静かに談笑するインドネシア人で埋め尽くされていた。初々しい男女のカップルや、小さな子供を抱っこしたお父さんらが楽しそうに散歩していた。まるでピクニックのようである。ただの家の内見なのだが。これだけ人数がいても騒がしくないことに驚きつつ、笑いかけると、彼らは深々とお辞儀をした。

「うわ、みんな来てしまった。ラインのインドネシア人グループに今日のことを書いたんです。インドネシア人は集まるのが好きだし、モスクになる建物を見たいんです」とフィカルさんは困り顔になった。

気を取り直して1階に降りると、別のインドネシア人の男女7人くらいの集団がいた。ちょうど玄関から、また1人、2人と登場。次々と増えるインドネシア人たち。30人はいるだろうか。石野さんは丸い目をさらに丸くしていた。彼らの団結力とモスクへの想いは底知れない。暇だから遊びに来ているようにも見えるが。

私は彼らが醸し出すゆるい空気を久々に感じ、不思議な安堵感に包まれた。本当に他者との境界線が曖昧になるのだ。ここまで強固なコミュニティーであれば、排外的になる可能性があるが、それをまったく感じさせないのは、インドネシアのお国柄が関係している。

2億2千万人を超えるインドネシアの人口比率を宗教で分類すると、9割がムスリム、残りの1割にキリスト教徒や、仏教徒、ヒンドゥー教徒が含まれる。民族別に分類すると、言語や文化が異なる百を超える民族が共生していて、イスラム教の伝来以前にあったアニミズム的な信仰や風習ははぎとられていない。それだけ多様な価値観が共生しているということだ。スピリチュアルな舞踊や音楽なども盛んにおこなわれているし、フィカルさんの実家の近所にもシャーマンはたくさんいて、サッカーくじの結果を占ってもらったりしていたようだ。黒魔術をかけられて頭がおかしくなった兄を、シャーマンに治療してもらった驚愕の逸話ものちに語ってくれた。一神教には、その教義にあわない文化や思想、信仰を駆逐するイメージがあるが、少なくともインドネシアのイスラム教は寛容で、支配的なものではないことが、この話からもわかる。アフリカなどの多くの地域のイスラム教も、土着文化と共存しているようだ。インドネシア政府が掲げるスローガンは「トーレランス（寛容）」と「多様性の中の統一」。一国の中にある違いの調和に重きを置き育ってきた彼らだから、生み出せる空気感なのかもしれない。

そして数日後……。この話は破談になったとフィカルさんから連絡があった。女性たちの意見に押されたのは明白だった。やりとりの一部始終を見た石野さんは、この計画が達成できるのか心配になってしまったようだ。フィカルさんは人が良すぎる。全員の意見を律儀に聞くのはいいのだが、リーダーたるもの、時には強引さも必要だ。

「もうちょっと私も探してみますけど、なかなかこの辺りは売り物件がないんですよ。時間がかかると思いますよ」と石野さんは言ったが、その通りの展開になってしまうのである。

第5話 混迷の物件探し

差別と偏見のリアル

商店街で向けられた、冷たい眼差し

順調に進んでいた物件探しは、一転して暗礁に乗り上げてしまった。石野さんの言う通り売り出している物件の情報が少ない。あったとしても条件にまったく合わない。住宅街に空き物件はあったが、近所の人が怖がってしまうという理由で、フィカルさんは乗り気ではないようだった。ならば自分の足で探そうと、仕事終わりに街を車で探索したり歩いたりした。私も、時々その様子を取材した。夜の細い路地を私と、ムスリム帽をかぶった大男が懐中電灯を持ってうろうろする姿はさぞ怪しかっただろう。それらしい建物を見つけると壁を照らす。「この建物はどう?」「いやちょっと狭いね」という会話を近くの住人が聞いていたら、泥棒に入るための下見をしているのかと疑ったかもしれない。しかし、街を歩いても収穫はなかった。そのころ、知人がX市の商店街にある廃墟を利用し、美術展を開催していたのでそこにフィカルさんを連れていき、空き物件などの情報を得ようとした。だがそこでも大した情報は得られなかった。現代アートのグループ展だったのだが、フィカルさんが展示物を不思議そうに眺めていたのが印象的だった。

石野さんがたまにくれる空き物件の住所に行くと、川沿いの元ラブホテルで、ぼう然としたこともあった。切羽詰まっているからか「ラブホでも大丈夫です」と言うフィカルさん。彼はここがどういった施設だったかは知っているようだったので、「え？　いいの？」と、驚いた。ラブホのモスクか。それはそれで、おもしろそうだが、隣はまだ営業中のラブホだったので、さすがにやめたほうがいいと助言した。そうこうしているうちにさらに2ヶ月がたった。関係者みんなが疲労を感じていた。というか、飽きはじめていた。それに比例するようにフィカルさんの焦りは募っていく。

「インドネシア人は飽きっぽいから、スピードが大切！　この波を逃したら、モスクが一生できないね！」と悲壮な覚悟を述べるので、他の不動産屋に私が問い合わせてみることにする。しかし「外国人」だと伝えると、断られてしまった。実際に言われると想像以上にショックで、外国人という雑すぎるくくりに愕然とした。枠の中を同一視し、一人ひとりの個性を無視するこの国の空気。「グローバル化」「多様性」、流行の言葉は、この国では、少なくともこのエリアでは存在しないのか。そもそも、彼がどんな人か、どんな用途で使うのかさえ、伝えていないのだ。他の不動産屋では「どこの国の人？」と聞かれた。「インドネシア人です」と言うと、「あ、うちは外国人は断っているんで」と電話を切られた。あとで調べてみると、イギリス人やアメリカ人、また欧州国籍の人たちは比較的借りやすいのだという。これは、立派なアジア人差別だろう。といっても、自分たちもアジア人なのだが、日本人が持つ特権階級意識はなんなのだろうか。確かにアジア系の人たちとのトラブルは、不動産の貸し借りにおいて多いと聞く。だとしても、せめて、国籍で判断せずフィカルさんの人となりを見てから決めるべきだ。このころ、入管法の改正が進められていたが、難民問題にも見える、日本社会の悪癖が炙り出される。日本では、年間数パーセントしか難民申請は受理されないし、国家の役に立つかどうか、つまり高学歴だったり特殊技能がある人が優先されることが多い。難民ビザを申請すれば、しばらくは日本に滞在し、時間限定でアルバイトができるので、それを悪用して日本で働く外国人がいるのは確かだ。国としてはそこへの不信もあるのだろうが、一人ひとりと向き合い、判断する気が希薄なのだ。その意味で不動産問題は、難民問題と通底するものがある。人種や宗教や主義でカテゴライズされたグループ内の個を同一視する先入観は、欧米でも根強くあるし、人はそれほど細かく人間性の違いを認知できるわけではないのも理解している。しかし少なくとも私は、海外で「外国人」という大きすぎる主語を理由に、門前払いされたことはないし、入管などの行政機関が個性の違いの認知をあきらめている状況は正すべきだ。これは社会全体が浅薄な思考に陥っている証拠だろう。政治は良きも悪きも、国民性を具現化するものだ。

ならば空き物件だらけの商店街だ。持ち主と直接交渉するしかない。情報を得ようと、営業中の金物屋を訪れた。怪しまれないようにまずは私が入店し、店主の親父に空き物件がないかを聞く。愛想よく商店街の内情を語ってくれる親父。これは大丈夫そうだ。よしフィカルさんを紹介しよう。だが、彼を店内に呼び込んだ瞬間、親父の態度が豹変したのである。軽蔑の目でフィカルさんの顔から足元まで舐め回すように見た。

その冷たい眼差しに戦慄した。日本人は、こんな目をするのか。決して日本人には向けない、尊厳を奪うに十分な凶器のような目。私はぼう然と立ちすくんでしまった。続いて湧き上がる、強烈な怒り。私は、その親父に「なんだその目は！」とがなりたてそうになった。だがここで私が悪態をつくとフィカルさんたちに迷惑がかかるだろう。なんとか感情を抑え、薄ら笑いでその店を後にした。私たちは、しばらく無言で歩いた。アーケード街には、80年代のポップソングがなぜか流れていた。パラレルワールドに迷い込んだような、気持ち悪さが覆う。

フィカルさんは今どんな表情をしているのだろう。慰めるために、目を向けると彼はこう言った。

「大丈夫よ。私、慣れているから。あの人とゆっくり話したら、仲良くなる自信あるよ。そうやって私は、日本で生きてきたからね」と、落ち込む私を逆に慰めてくれた。

そして車通りの多い国道にさしかかると、フィカルさんは申し訳なさそうにこう言ったのである。

「私と一緒に歩いていて、恥ずかしくないですか？」

あまりに重い言葉だった。生々しい心の痛みは、いつまでも残った。それは、彼らが受ける差別の痛みを理解していなかった証だ。彼はこのような痛みを、日常的に感じ、この国で暮らしているのだ。

フィカルさんの弟分、プトラという男

気分転換にファミレスでお茶をすることにしたのだが、何度も何度も、あの親父の目が脳裏に浮かんでくる。他のインドネシア人や移民たちもあの目を向けられることがあるのだろう。ファミレスにはちょうどヒジャブをかぶった女の子たち、ブラジル系の家族、ベトナム人女性の集団もいた。彼らもそういった経験を積み重ねるうちに、同じ国籍の人とだけ過ごすようになったのかもしれない。来日前は、日本人との交流を楽しみにしていた人も多いはずだが。

そんなことを考えていると、日活俳優のような顔立ちのプトラくんが現れ雰囲気が一変した。「今日もイケメンやなあ」と褒めると「そうね、この人イケメン」とフィカルさん。プトラくんは「フィカル兄さんこそ、イケメンやんか」と返す。冗談か本気かわからない2人のおだてあいに肩の力が抜けた。

そういえば、プトラくんともちゃんと喋ったことがなかったので、バックグラウンドを聞くことにした。彼は物腰が柔らかい好青年だ。介護士として働く30歳で子供が一人いる。整った

顔をしているので、もてるはずだがインドネシア人の奥さん一筋。ちょっと活舌が悪く、声が小さいからたまに何を言っているかわからないがフィカルさんより讃岐弁が板についている。フィカルさんのようなどっしりした親分肌ではないし、自己主張が強いタイプではない。ふわふわした頼りなさがある。このころはまだ、モスク建立計画でも、フィカルさんの後ろをなんとなくついていっている感じだった。

フィカルさんとプトラくんの出会いは、5年前のこと。フィカルさんが結婚後にバイトをしていた、香川県の中部にある農地に囲まれた鶏肉屋だ。そこでは、インドネシア人技能実習生も多く働いていた。

隣接している昔ながらのカラオケバーも同じオーナーが経営していて、地域の人たちとインドネシア人たちが、お立ち台でともに歌う憩いの場にもなっている。プトラくんも、インドネシア人の介護士の仲間とよく遊びに行っていたという。

「最初は生意気そうやなあと思って、あんまり話さんかったんや。男前やから、そう見えたんかもなあ」と、フィカルさんは回想する。

2人が、頻繁に会うようになったのはモスク建立計画が立ちあがってからだ。

「それまで香川県のインドネシア人のこと、ほとんど知らなかったんや。KMIKができて、たまに集まるようになってから、知り合いが増えたけど」と言うプトラくん。

プトラくんは介護技能実習生として来日した。各職場で就労する前に東京で研修期間があり、そこで奥さんと出会った。彼は香川県で、彼女は沖縄の介護施設で働くことになり、遠距離恋愛が続いた。実習期間が終了した後、奥さんとともに介護福祉士国家試験に合格。日本語のレベルの高さも必要なので難関の試験だが、正社員の介護士として日本で暮らせるようになった。

自分の意志で職場選択が可能になったので、都会暮らしを満喫するために横浜で介護職に就いた。その後、2015年に無事に結婚。長男の誕生を機に住み慣れた香川県に戻り、夫婦で同じ職場で働きながら、子育てに励んでいる。

介護の仕事はかなりの重労働だが、彼は持ち前の真面目さと誠実さで、職場でも愛されキャラのようだ。簡易な礼拝室も用意してくれている。考えてみれば、介護の仕事は、ムスリムにとって天職かもしれない。現世で人のために奉仕をすればするほど、徳を積めるし、神様から褒美をもらえるとされる。相手が老人や障がい者など、社会的弱者ならなおさらだ。だから、プトラくんは「助けてあげている」というような、上から目線で仕事に取り組んでいない。彼は、給料をもらえるし、神様からの褒美ももらえるのだ。そのロジックを知れば介護される側も、気が楽だろう。

彼は高松市の飛行場の近くにある、アパートの一室で家族と暮らしている。後日私はそこを訪れたが、築30年くらいのごくごく普通のアパートだった。リビングにはテーブルやソファが並び、大型のテレビがある。壁には、結婚式の写真が多く飾られていて、なんとも幸せそうに2人が笑顔をたたえていた。奥さんをお姫様抱っこしたり、夕日をバックに決めポーズをしたりと、奥さんがヒジャブをかぶっている以外は、日本人の若者のウェディングフォトと変わらない。また、アラビア書道と呼ばれる、アラビア文字を現代風にデザイン化したイラストが飾ってあり、その幾何学的な模様が、非常にクールだった。

もうすぐ、2人目の子供も誕生する。奥さんは身重で、産休に入っているのだという。宗教は我欲を捨てるイメージがあるが「イスラムの教えの範囲で、積極的に人生を楽しみ、欲望を満たしなさい」という感じなので、結婚後は、子供を産むことが推奨される。学生として来日したセニンさんの奥さんも、3年の間に2人の子供を産んだというから驚きだ。プトラくん夫婦も、異国で子供を産むことに不安はなかったそうだ。

「あなたは、公安ですか？」突然の質問にたじろぐ

この日、フィカルさんとプトラくんは寄付集めの方法を話し合っていた。

彼は、寄合の時に弁当を作って300円で売るという、良いアイデアをだした。しかし、すぐに話が脱線する。若くてお洒落なだけあって、KMIKのグッズを作りたがっていた。

「ジャンパーも作ろうかなあ。俺がデザインするから。インドネシアで作ってもらったら安いしなあ。かっこいいの作りたいわ。」

それをメンバーに2000円で売ると500円のあがりがでるので、モスク建立の資金にあ

てようという。

ロゴや横断幕やTシャツもつくりたいと、プトラくんは役に立つのかわからないアイデアを、次々とひねりだしている。なんというか、バンドのグッズを作っているような感じで実に楽しそうだ。その無邪気な様子に、私は癒される。フィカルさんは彼のやる気をそがないように、温かく見守っているという感じだ。リーダーは、我慢が必要なのだ。

そんなプトラくんが私の目を見つめ、こう言った。

「ちょっと聞きにくいんですけど……。あなたは、公安ですか？」

突然の質問に、私はかなり動揺した。なんでそんな質問が出てくるのだろう。「いや、そんなわけないでしょ？」と強く否定したが、それも怪しまれそうだ。そもそも、私が公安だとしたら、テロリストだと疑いをかけ、彼らに近づいていることになる。私は誠意をもって接していたつもりだが、そんな風に思われていたのかと、少しショックを受けた。

私の狼狽に気づいたフィカルさんは、申し訳なさそうに説明してくれた。

「ごめんね、変な質問して。インドネシアには公安が多いからね。でも、もしオカウチさんが公安でも、全然ええんよ。私たちは隠すことなんかひとつもないし、そのほうが本当の姿を理解してくれるやろ？」

私は、努めて冷静に再度否定した。確かに、突然現れた日本人が根掘り葉掘り彼らの活動について詮索している現在の状況は、彼らにとっては不自然だ。だとしても、公安警察だと勘ぐるのは飛躍しすぎている。イスラム教徒は監視される対象になると自覚して暮らしているということだろう。フィカルさんも、少しは私のことを疑っていたのかもしれない。私が否定すると、表情がゆるんだように見えた。

「でも、ここ半年くらい変な人からメールが来るんや」と、フィカルさんが言う。自称インドネシアにルーツがあるという謎の日本人とのやりとり。そのメールはすべてひらがなの拙い日本語なのだが、フィカルさんやその友人のプライベートにやけに詳しいし、のらりくらり情報を聞き出そうとしている。だがだれに聞いても、そんな男は知らないと言うのだそう。「みんなで集まる日に遊びに来て」と何度誘っても、理由をつけて、絶対に来ない。

「うーん、確かに不自然だけど、そんな変な日本語を送ってくるかな?」と私が言う。「わたしあなたあいたい」とかそういうレベルなのだ。「まあ、そうね。考えすぎやわ」と2人。

確かに2010年に、公安警察がムスリム・コミュニティーを監視し、収集した個人情報がインターネットに流出したことがある。ムスリムというだけでテロリスト予備軍と定め、捜査したのではないかという議論が起こったが、実際、日本でもモスクの監視や情報収集が実施されている。公安警察側も国際情勢に影響を受け、日本の治安を守るために行っているので、ムスリムのほとんどは協力的に接するが、本音では屈辱的だろう。あるモスクではしつこい接触に我慢できず、公安警察との関係をシャットアウトしていると聞いたこともある。日本社会との関係を築く上では悪手ではあるが、その気持ちもわかる。海外で私が仏教徒だという理由で、監視される対象になるようなものだ。普通に生きているだけであっても、世間から常に疑いの目を向けられた結果、閉鎖的になり、殻に閉じこもったとしても責められない。

だが、こんな田舎でも監視されるのだろうか？　目の前にいる虫をも殺せなそうな2人のゆるい雰囲気を見て、はてなマークが脳内に溢れかえった。

親父たちの主張。君と私の何が違うんや？

2019年の6月。久々にX市の公民館でKMIKの寄合があった。各自が家で作ってきたご飯をもってくる、持ち寄りパーティーのような感じだった。もちろんカレーもあった。県外からきてもらったイマームの話を聞き、みんなでお祈りをし、ご飯を食べる。技能実習生の若者がインドネシアの民族楽器の太鼓の演奏を披露してくれたりと、にぎやかなものになったが、その時、香ばしさが漂うおっさん集団がいた。彼らは日本在住30年以上のインドネシア人男性たちだ。そのうちの一人、スポーツタイプのグラサンをかけ、帽子をかぶった、ごつめの親父が私に話しかけてきた。

「君はムスリムか？」

「いや、違いますけど、興味があるからきてます。」

「おー、そうか。嬉しいわ。人間皆一緒。同じ価値がある。あなたも私も。あいつも俺も、何が違う？　それがイスラム教や。」

周囲のごつい親父たちもうなずいている。ここから、親父たちの井戸端会議が始まった。みんな勝手に言いたいことを言うので、会話として成立しているかはわからないが、インドネシアの道端で暇そうに座っている親父たちの会話も、こんな感じなのだろう。

「私たちが若いころと比べて、若い世代のムスリムも変わった。時代に合わせて変わっていくのは、当然だし、私の娘はヒジャブをしていないよ。彼女の自由。イスラム教は心や。見た目じゃない。心が大事なんや。でも、それは私の考え。ヒジャブをしてほしい親もたくさんいる。それも彼らの自由。」

「コーランは、神様の言葉で大切にしないとだめ。でも、考えるための道具でもあるから、その通りにしないといかんとも思わん。」

「日本に来た時、驚いたわ。イスラム教で大切な教えと、日本人の性格がよく似ているんや。うそをつかない、人を助ける、清潔にする、誠実に謙虚に生きる、年上は大切にする。」

「まずは相手がしてほしいことを考えなさいって、うちの娘が学校の道徳の授業で習ったらしい。俺も、子供のころから母さんにずっと言われてたな。」

「よい言葉を使って、よいことを口にしなさいってコーランにあるんやけど、日本人も言葉に力が宿るって信じてるんやろ？」

「でもやっぱ外国で住んでると、大変よ。特にムスリムはなあ。テロリストや言われることもあるし、めっちゃ怖いと思われていると感じることもある。でも、何を言われても、我慢したほうが勝ちや。そう思わんか？」

親父たちは勝手にぺちゃくちゃしゃべっているが、酸いも甘いも経験しているから言葉に重みがある。彼らの雰囲気は、私が幼いころに一度だけ参加した祭りの休憩所で、だらだら会話をするおっさんたちにそっくりなのだ。ちょっと説教臭いところとか、おせっかいなところも。

親父たちは好きなだけ好きなことをしゃべり、満足げに「そろそろ帰るわ。岡山から来たんや」と言い立ち上がった。

「でも最後に言わせてくれ。私たちもこの国の一部なのだということを、認めてほしいわ。私たちはみんなこの国が好きやし、役に立ちたい。自分の宗教を大切にしているけど、それを日本人に押しつけるつもりはないしな」と言い残して、去っていった。

これはおそらく、在日ムスリムが、いや移民たちの多くが感じていることだろう。日本になじめるように努力もするし、邪魔をする気もない。だから仲間として認めてほしい。それは彼らの切実な願いなのだ。

第6話 技能実習生とモスク

弟分のためのフィカルのカチコミ

モスクは技能実習生たちを救う？

２０１３年ころだろうか。東京から久しぶりに香川県の高松市に帰省すると、中心部のコンビニの店員の、ほとんどがネパール人やベトナム人などアジア系の外国人になっていた。高松市も国際化が進んだものだと感心しつつ街を観察していると、褐色の肌の若い男やヒジャブをかぶった集団が、チャリをこぐ姿を見かける頻度が増えたことに気が付いた。彼らは同じ国籍であろう集団を成し、公園にもいたし、海辺にもいた。夜中の商店街で地べたに座り込んでいたり、電車の中にもいたが、日本人と喋ったり、交流している様を見たことがなかった。周囲の日本人は彼らのことを、時々ちらちら見るが、境界線が引かれているように感じた。いてもいいが、こちらの世界の邪魔をするな、という暗黙の了解がそこに存在するような不思議な距離感だった。私は、彼らがどこからきて、何をしているのかが気になっていたが、彼らが技能実習生だと気づいたのは、フィカルさんとの付き合いが始まってからだ。

私は技能実習制度が抱える問題も、モスク建立が必要な理由なのではないだろうかと予測を立てた。低賃金、過酷な労働環境、モラハラやセクハラ。寮からの逃亡や自殺。センセーショナルに報道され、現代の奴隷制とまで言われている悪名高き制度。会社によっては、携帯電話を使えないこと。パスポートを取り上げられること。職場を自分の意志では選べないこと。技能実習生たちを、人として扱わない会社があるのも事実だ。2020年の外国人労働者の死傷者数は4682人で、死者数が30人。工事現場での足場からの転落や工具使用中の事故などに巻き込まれる外国人労働者の人数は、日本人労働者の約2倍だといわれている。

私は、フィカルさんの友人の技能実習生を数珠つなぎ的にたどり、聞き取りを開始した。まず高松市にあるお菓子屋さんの工場で働いているアナさん。彼女はケーキをつくったり、箱詰めの業務を行っている。マスコミは、センセーショナルなストーリーを好む。正直に言えば、心のどこかで辛い体験を語ってほしいという期待を持っていたが、彼女はあっけらかんとしていた。

「辛いことは特にないです。休日もちゃんとあるし、桜の季節は、いろんなところに写真をとりに行きますよ。カメラと三脚を持って、自転車や電車で観光名所も巡っています。あとは、うどん屋とか、イオンによく行っています。インドネシア人、デパートが好きだから。」

では職場では？

「私が働いている会社は働きやすいと思います。残業もないし。同僚のおばちゃん優しいし。問題なのは、職場でヒジャブをつけられないことですね。会社の近くでも、つけたらダメと言われるんです。世間体が悪いらしくて。つけてないと恥ずかしい。」

世間体が何を意味しているのか定かではないが、ヒジャブへの偏見は根強い。彼女とは高松市の商店街やうどん屋で、何度か偶然会った。高松市の商店街はアーケード街としては日本一長いが、人がまばらなときは彼女たちが集団で歩く姿は遠くからでも目立つ。雑踏に紛れ込んで自分の存在を消せる都会と違い、人目が気になることもあるそうだ。

現場仕事はどうだろう。溶接工として働くナンダくんにも話を聞いた。

「日本にきたころは、怒られることが多かったです。日本語も難しいから。でも、今は技術が上達したし、流れ作業だから、特にストレスもないです。」

来年インドネシアに戻るというが、目標だった家族に家を建てる資金を貯め、欲しかった最新型のドローンを買った。休日はインドネシア人たちとサッカーをしたり、海辺で黄昏れたり、チャリで観光地を回っているのだそう。

ジェマさんという若い女性は、老人ホームで食事の盛り付けの仕事をしている。彼女は、家族に家を建ててあげるために来日したというが、それだけが目的ではなかったようだ。インドネシアでは、女性が遅い時間に帰宅するのはよいとされない。しかし、日本での生活は自由があるので、謳歌しているとのことだ。彼女は真面目なので、かといって夜遊びをするわけではないらしいが。彼女も日本でインドネシア人の彼氏ができたらしく、帰国後に結婚するようだ。

「仕事も楽しいです。少し不満はあるけど、それはどこの国で働いていてもあるものです。同僚の日本人の女の子が、親切にしてくれて、私が困っているといろんなこと教えてくれるんですよ。残業はあるけど、私たち、そのほうがお金が貯まるから嬉しいです。休日は直島に行ってみたり、商店街を歩いて服を見たり。」

フィカルさんは「技能実習生の職場でのトラブルの多くは話し合いで解決する」と言う。

日本に来たばかりのインドネシア人は、日本語が理解できない人もいる。特に方言は、聞き取るのが難しく、社長や同僚と意思疎通が取れずに、関係が悪化することが多いのだそう。フィカルさんは知人の社長から「職場のインドネシア人が働かない」と相談を受けることがある。そのインドネシア人たちと話すと「社長が何を言っているか、理解できないから仕事ができない」と言うのでフィカルさんが通訳をしてあげた。本来ならば、技能実習生をサポートする管理団体がするべき仕事だが、後日、社長から「めちゃくちゃ働くようになった」と感謝の電話があったようだ。こういった相談も、モスクがあるとしやすくなる。

私はこの後も、多くの技能実習生に会うことになるのだが、大きな不満を聞くことはほぼなかった。世間が抱くイメージとはギャップがある。困っていない労働者の日常はニュースにならないからか、情報の混線が起きているように感じた。

フィカルさんたちは「一部にひどい会社もあるし、すぐ殴る社長もいるが、それが全体ではないということをわかってほしい」と言う。もちろん、人道的に問題がある悲劇的な出来事を伝えることで、社会を変えていくべきだが、そればかりでは彼らの人間性を奪うことになる。彼らに日本メディアの報道内容を伝えると「技能実習生＝かわいそうな人と思われるほうが、いやだ」という人も多い。確かに改善すべき課題が多い制度ではあるし、彼らの待遇を変えていくべきだが、善意の偏向報道のおかげで、そういったイメージだけが定着しつつあるのも困ったものだ。

「まあ、もちろん、ひどいことされた人も知ってるけどね。私の親戚が働いていた会社で、社長にセクハラされたって、泣きながら電話してきたこともある。私、急いでその会社に電話して文句言ったね。信じられないよ。」

姪っ子は日本が嫌になり、すぐに帰国した。希望をもって働きにきた若者を、人として扱わず道具としか見ていないのだろうか。上から目線と「どうせだれにも言えないだろう」という、おごりがその根底にはあるのだろう。

「そういうことをする人は悪いことをしたら罰が当たるとか、考えないんですかね？　地獄に行って、大変な思いをしますよ」と、あるインドネシア人女性は言っていた。私はその言葉に心が痛んだ。

そしてフィカルさんは「もっとひどい話も実はあったよ」と、「フィカルVS悪徳業者の戦い事件」を語ってくれた。

青年を救った荒ぶるフィカルのカチコミ

このころになると、フィカルという男の性格もさらに深くわかってきた。彼は、他者への愛情が深い義理と人情の男だ。絶対に友人のことを裏切ることはないだろうという信頼が持てる。一方で、せっかちなところがあり、思い立ったらすぐに行動を起こす暴走癖もある。喜怒哀楽が激しく、子供時分に母に「すぐ感情的になるから気をつけなさい」と言われていたそうだ。その人間臭さも含め彼の魅力なのだが、信仰の力でなんとか、心の安定を保とうと努力しているのが表情などから透けて見えるときがあって、おもしろい。笑顔だが必死で感情を抑えているとき、善行などを自慢したいが抑えているときの表情は見分けられるようになった。「ほんま、私はまだまだやわ。それにまだお金持ちになりたいとか、かっこいいと思われたいとか、欲が捨てられないんや」と悩みを吐露したこともある。お祈りの最後に「欲に勝てますように」と、願うこともあるのだそう。かと思えば、冷静に周りを観察し、計画をたてる性格も持ち合わせている。実に不思議な男だ。

その男が、4年前にある業者に乗り込んだ。ハサンくんという弟分のために。ハサンくんは技能実習生で、頻繁にフィカル家を訪れ、娘たちにアラビア語やインドネシア語を教えてくれていた。優しく、人のことを第一に考えられる若者で、母国で父と起業する資金を貯めるために一生懸命働いていた。フィカルさんもご飯をおごったり、相談にのってあげていた。そのうち2人の絆は深くなっていき、ハサンくんはフィカルさんを兄貴のように慕うようになった。しかし、突然連絡がとれなくなってしまった。フィカルさんは不安を募らせていた。

ハサンくんから電話があったのは1ヶ月後だった。彼は受話器越しにこういった。

「1週間後にインドネシアに帰るから、お別れを言いに行きたいです。」

フィカルさんは理由を聞かなかったが、不穏な空気を感じた。その予感は的中する。数日後、家を訪れたハサンくんの姿を見て、フィカルさんは涙を流した。

「片方の手の指が2本なかったんや。」

職場の作業中の事故で指が切れてしまったのだという。その会社の社長は、病院には連れて行ってくれたが、2週間で無理やり退院させられた。病院側は、まだ入院が必要だと忠告したが、入院代は会社持ちだったので、早く退院させたかったのだ。

そして働くことができなくなったハサンくんに、30万円だけ渡して母国へ送り帰そうとしたのである。裁判を起こさないように約束させるための、手切れ金だった。フィカルさんは、その話を聞いて憤怒した。

「指が切れたのに30万円しか払わんで、面倒やから帰らせるとか、ありえん。おかしいやん。」

フィカルさんはすぐに労働基準監督署を訪れ、その会社を訴えようとハサンくんに提案した。

しかし「同僚のインドネシア人がやめさせられたら困るから行きたくない」とハサンくんは言う。フィカルさんはこう言った。「そんな30万円ぽっちで、指を無くしてええんか。それにみんなやめさせられることはないわ。そんなことが起きたら、私が責任取って、裁判でもなんでも起こすって。」

それでも、ハサンくんは「問題にしたくない。行きたくない。国に帰りたい」と訴え続けた。一体その職場はどんな環境だったのだろうか。人のいいインドネシア人たちを、その社長はどのように脅していたのだろうか。

フィカルさんは意気地のないハサンくんにも腹が立ってきた。「そんなんやったら、もう私の家からでていけ！言うてしまった。」

彼は泣き出してしまった。フィカルさんはすぐ熱くなる自分に反省し、説得を続けた。このまま泣き寝入りすれば、もしまた同じような事故がだれかに起きたとしても、うやむやにされ、少額をつかまされて帰国させられる。それが続けば、技能実習生はさらに軽視され、これよりもひどい事故が起きる可能性もある。その説得に彼も納得し、労働基準監督署を訪れることにした。

しかし労働基準監督署の職員が放った一言は、信じられないものだった。

「慰謝料をもらっているから、いいじゃないですか？」と言ったのだ。

フィカルさんは、感情的になった。

「国に帰っても障がいがあるから仕事ができるかわからんのに、30万円だけじゃダメやろ！　指が切れてるんや！　どうにかしてもらわないかん！　弁護士を出してください！」

その迫力に押された職員は、ようやく提携している弁護士を呼んでくれたのだが、運よくその弁護士は親切な人で親身に相談にのってくれた。

「相手の社長からこの書類にサインをもらってきてほしい。そうすれば、私たちも協力できる。もし先方がサインを断っても、それを理由に弁護士は動けるから。」

次の日、フィカルさんは仕事を休み、ハサンくんを連れて彼の職場にいった。フィカルさんも乗り込むことへ恐れがなかったわけではない。その社長には会ったこともないし、どんな会社かも知らなかったので、事前にインドネシア大使館に連絡をして問題が起こったときに、相談をさせてほしいとお願いをしていた。

「こんなひどいことする社長や。これかもしれんと思ってたね」と、人差し指を頬の前でなめに動かした。こんなしぐさをする同年代に初めて出会った。

社長は70歳くらいの男性だった。突然の荒ぶるインドネシア人のカチコミに驚いた様子を見せ、言い訳を始めた。

「そいつが帰りたいっていうから帰らせるんや。家族がおるし、帰らせたほうがいいかなって。」

しかしフィカルさんは「そんなのありえないです！　外国人やからって、なめてるんですか⁉」と鬼の形相で交渉を始めた。

その勢いに押された社長から徐々に威勢のよさが消えていき、弁護士との話し合いを受け入れ、その結果示談を希望した。そして結局200万円をハサンくんに支払うことで話が付いたのである。会社が加入していた保険と労災を利用してのものだった。インドネシア大使館の職員は、自国の若者を傷つけられたことへの怒りが収まらず、テレビ局にリークして取材をしてもらおうとしたが、フィカルさんはそれを止めた。

「そのあとも、その会社に何度か行って社長と話をしたんや。そしたら、反省してくれた。もうこんなことないようにするって。あんまり追い込んでもかわいそうやん。自分のお父さんが生きとったら、これくらいの年齢やしなあ。」

実に頼れる兄貴だ。ハサンくんはたまたまフィカルという豪気な男と友人だったからよかったが、泣き寝入りするケースが多いだろう。だが、もしも近所にモスクがあり、日常的に人が出入りしていれば、もっと早くにだれかが彼の異変に気づき、意見を出し合い、なんとか解決の糸口を見つけられたはずである。本来ならば、日本の政府機関や管理団体が、そういった問題に対応すべきだが、そこに頼れないのであれば、コミュニティーの結束力を高めるしかないのだ。

フィカルさんは「実は私ね、インドネシアに学校をつくったんや」と、突然驚くことを言った。

なんと、フィカルさんは校長先生らしい。技能実習生が日本に来る前にそこで勉強し、同時に日本の礼儀やルール、簡単な職業訓練を行う学校だ。決して安くはない授業料を生徒は支払わなければいけない。しかしフィカルさんの学校では、日本で仕事が決まったあと、その給料から返済してもらうシステムをとっている。インドネシアルピアで支払うと高い授業料だが、日本円だと格安だからだ。まだ設立して1年もたっていないが、フィカルさんが雇った親戚が経営者を務め、フィカルさんは校長先生として経営資金を提供している。しかし技能実習生は通常6ヶ月～1年ほど学校に通い来日するので、赤字が続いているらしい。

「私も日本に来る前に学校のお金を払うの大変やったからね。これでみんな助かるし、生徒が日本に来て働きはじめて困ったら、私が助けてあげられるでしょ」

フィカルという男は、国際的ビジネスもしているのか。親切心から赤字続きというのが、この男らしい。

老人の寂しさを埋める青年に見る、モスクの重み

フィカルさんは時々、農家で働くインドネシア人の技能実習生から野菜をおすそ分けしても

らっている。

ある時、「その子がサツマイモ持って来てくれるんやけど、欲しいですか?」と誘ってくれた。フィカル家に行くとキッチンに真っ黒に日焼けした痩せた男がいた。赤いワイシャツに細身のジーパン姿の彼は、私と顔を合わすなり「わたくしの名前はワディンです! よろしくお願いします!」と深々と礼をした。

初めて日本人の若者と会話をするらしく、硬い笑顔で手が震えている。緊張しているのが、これほどわかりやすい奴もいない。こちらも挨拶をすると「どうぞ座ってください!」と椅子をひいてくれた。

「日本に来て長いんですか?」と聞くと「はい! わたくしは、2年間日本で住んでおります!」とまるで日本軍の三等兵のような返事をする。技能実習生の多くは過剰にていねいな敬語を使うが、それは彼らの日本での生活の閉鎖性を物語っている。日本人が日常で使うカジュアルな日本語を、あまり知らないのだ。だから、母国の技能実習生の学校で習った、軍隊みたいな礼儀をひきづっている。

それにしても緊張しすぎだ。声も上ずっているので、フィカルさんがワディンくんの肩を揉んであげた。

「この子、私を慕ってくれてるね。ほら、イモをこんなに持ってきてくれたよ。」

ビニール袋いっぱいのサツマイモ。形や大きさがマチマチなので、売りに出せない余り物を持ってきてくれたのだろう。

「美味しそうですね」と褒めると、「はい！　ありがとうございます！　これ！　見てください！」と彼のスマホの写真を見せてくれた。

画面の中のワディンくんはでキメ顔だった。キャラとのギャップに面食らったが、彼が見せたいのはその背後の広大な畑だ。

「わたくしは、ここで畑をしています。広いですよ。トマトとか、茄子とか、人参を育てて収穫しております。」

しばらくすると、2人のインドネシア人の男が部屋に入って来た。フィカルさんの子供たちと、アイスを買いにコンビニへ行っていたようだ。一人はワディンくんの職場の後輩。もうひとりは、フィカルさんの古くからの友人だ。彼はフィカルさんと同時期に技能実習生として来日し、溶接工をしている。日本人のスナックのママと結婚していたそうで、日本語もかなりうまい、陽気な男だ。APEのパーカーをまとっているしゃれ者である。

ワディンくんの後輩は、まだ来日直後らしい。他にも同僚にインドネシア人が働いているのだろうか？

「わたくしたち2人です！」

ワディンくんが働く会社は、初老の女性が社長。ワディンくんのことを特にかわいがっているようで、彼は社長を「お母さん」と呼んでいる。しかし、高齢なので肉体労働はあまりできないし、他に日本人の従業員もいないようだ。

さすがのフィカルさんも、「え⁉　ほんまに⁉　信じられない」と驚いている。植え付け、栽培、収穫、梱包を2人だけでやっているのだ。

「でも今は2人います！　この人がくるまでは、ひとりでした！」

ワディンくんはどれだけの重労働を引き受けていたのだろうか。だが彼の実家は農家で、もっと広い農地を手作業で管理していたので、苦ではないという。

聞けば、その社長はご主人と2人で、時々近隣の人に手伝ってもらいながら農家をしていた。だがご主人が亡くなってしまった。一時は廃業も考えていたようだが、技能実習制度に頼ることにし、やってきたのがワディンくんだったのだ。

当初は言葉でのコミュニケーションは、ほとんどとれなかったのだという。

「だからお母さんの真似をして、仕事を覚えました。お母さん、すごく優しいです。私のこと大切にしてくれます。毎日頑張りました。」

しかしそこは陸の孤島のような場所だった。社長以外で彼がコミュニケーションをとったのは、近くの農地でたまに会う技能実習生のカンボジア人だけだった。

1年後、やっとスマホを手にした。SNSを通じて、香川県在住のインドネシア人の友人もできた。在住歴20年以上のインドネシア人女性とつながり、瀬戸内海を望める丘の上へ連れていってもらったのは最高の思い出だ。

ワディンくんは来年に3年の期間を終了し、故郷のジャワ島に戻る。結婚するらしい。

「あなたの社長、5年に延ばして残ってくれって言ってるやろ?」とフィカルさん。

「いえ、わたくしとこの子が帰ったら、お母さんは仕事やめるそうです。もう年だし、あなたたち帰ったらさみしいから、もうええって言っています。」

社長にとっても、ワディンくんは特別な存在なのだ。夫に先立たれ喪失感もあっただろう。その心の隙間を立派に埋めたのが、ワディンくんという純朴な青年だった。労働力だけではなく、社会に存在する人々の孤独を技能実習生が埋める。孤立社会の果ての実像が、彼らの話から浮かび上がってくる。

「日本に来て後悔したことはないですよ。帰りたいと思ったこともないです。わたくしは仕事をもらっているから、一生懸命働くだけです!」

彼の言葉に嘘はないように思えた。もらった仕事に対して文句を言ってしまうことがある自分が恥ずかしくなってきたし、こう言える彼を尊敬もした。そして、こう思った。社長と2人っきりだった空白の1年間。モスクがあれば寂しい思いをすることはなかったはずだと。モスクにふらっとお祈りに行けば、友人がたくさんできる。フィカルさんとプトラくんも、KMKができ、モスク建立計画が動き出すまでは、インドネシア人と会う機会があまりなかったと言っていた。ワディンくんの例は極端だが、他のインドネシア人たちも、同僚やその周囲の友人くらいしか、交友関係が広がらない。都会であればインドネシア人も多いので、ネットワークを築きやすいだろうが、過疎化が進むエリアでは、なかなか同じ国籍の人と出会えないのが現状だ。これまでの彼らの行動を見ていると、集合をかなり重要視している。フィカル家でも、物件の内見でも、公民館でも驚くほど人が集まっていた。彼らは私たちが思っている以上に集合に意義を見出していて、モスクが必要な理由の本質も、そこに隠れているはずだとおぼろげに感じたのだが、それが確信に変わる瞬間が訪れるのは、2020年になってからだ。そう、新型コロナウイルスによるパンデミックだ。それについては、また後述する。

第7話　モスク完成が目前に！

突然現れた、謎の富豪ムスリム

２０１９年の夏を迎え、香川県は瀬戸内国際芸術祭で盛り上がっていた。世界中から観光客が訪れることもあり、多様性という言葉をよく耳にする時期だ。私は他の仕事で忙しくなってしまいなかなかフィカルさんに会う時間が取れなくなっていた。

そんな中、芸術祭関係で出会った、あるフランス人アーティストと話をしていると、モスク建立計画の話になった。彼は驚きつつ、こう言った。

「フランスでは、ムスリム移民と白人の関係性がすごく悪いよ。お互いが過剰な疑心暗鬼に陥っていて、誤解しあっているのが原因だと思うけど。昔、キリスト教とイスラム教で戦争していたし、フランスが植民地支配していたアフリカの国からの移民にもムスリムが多いでしょ。そういう文脈もあるから、差別や軋轢が残っていて問題が根深いんだよ。」

私は９・11が起きた時ちょうどイギリスで暮らしていたし、その後ヨーロッパを旅したので、肌感覚で彼が言っていることは理解できた。

「それに、モスクがなぜ必要かなんて、本質的な部分は、信仰を捨てた日本人にはどう頑張ってもわからないんじゃないか。僕も信仰がないから理解ができないよ。だって僕らは、信仰を捨てることで、自由を得て発展してきたじゃないか。」

彼の言うこともわかる。それに、今の私ではモスクが必要な理由はわからないのも確かだ。日本は、伝統や信仰を捨てることで生まれた社会的余白に、西洋式の近代的価値観を迎合し経済発展した典型的な国だ。その土地で育った私たちが、モスクの本質を理解しようとすることは、新たな思考回路を脳につくるようなものだ。わからないのは、当然なのかもしれない。

8月の下旬。やっと私のバタバタが落ち着いたころ、突然フィカルさんから新たな展開を告げる着信があった。

「実は県外のムスリムの偉い人が寄付してくれることになったんです。」

「おー、それは良かった。少しは助けになるね。50万円くらい？」

「いえ。3500万円くらいです。だから土地を買って、こんな感じのモスクを建てようと思うんです」と送られてきた画像は、豪華な装飾をまとった石のモスク。スポットライトで全景が照らされている。だめだフィカルさん、これは5億円をくだらないだろう。完全に舞い上がっている。

早く現実を伝えてあげなければ！と、すぐに落ち合うことに。いつものファミレスへ向かった。

私は彼の喜ぶ顔を見て躊躇したが、心を鬼にし、3500万円だと土地を買って建てる場合、よくてプレハブだと現実を伝え、物件を購入することを勧めた。フィカルさんは「えー、そうですか」とうなだれてしまった。

それにしても一体どんな人が3500万円も寄付してくれるのか。その謎のムスリムは、インドネシア人ではなく中東出身のムスリムで、関西の都市部に住む富豪だという。フィカルさんはその謎の富豪に直接会ったことはないが、彼が「社長」と呼んで慕っているパキスタン人が仲介してくれたらしい。そんな頼りない縁で、大金を出してくれるのが信じられない。

私は何度も「それは本当なの？　350万円じゃなくて？」と聞いたがフィカルさんの説明では、モスクを建てたら神様への帰依を示すことができ徳を積めるので、お金持ちならそれくらい出してくれる人がいるとのことだった。

「私、ラッキーね。香川県でモスクのために頑張っているムスリムは少ないから、神様が見つけやすかったんや。全部、神様のおかげや」ととろけるような表情で上機嫌だ。

もしこれが本当の話で、フィカルさんの早とちりでなければ、選択肢が一気に増える。ほとんどモスクができたようなもので、あとはよい物件を探せばいいだけだ。フィカルさんは意気揚々と夢を語りはじめた。完成したらテレビの取材を受けたい、そうすれば日本人からの信用も得られるはずだ、駅にお祈りができる小さな部屋をつくってもらうために、鉄道会社の社長にお願いをしたい、などなど。次々と夢を語る彼の瞳には、輝かしい未来が映っていた。天にも昇るような、とはこのことか。

「で、いい物件はあるの？」

「そこが問題なんです。この物件を見つけたんですけど、どう思いますか？　石野さんに相談したら、知り合いの不動産屋の持ち物件なんやって。3500万円らしいわ。」

その物件の写真をいくつか見せてもらったが、もともと中古車屋だったようで、1階は展示室で仕切りがない。2階は事務所として使用されていた。80坪くらいの広さなので、かなりの人数を収容できるだろう。おまけに周囲に住宅は少ないし駅も近い。駐車場として使えるスペースもあり、10台は止められる。これほどモスクに適している建物はなかなかないだろう。

私は後日、念のため知人の不動産屋に評価額を調べてもらったが「3500万円は高すぎるぞ。2500万円くらいや」という返事だった。

その時私は東京に滞在していたので、フィカルさんとは直接会えなかったが、その旨を電話で伝えると、フィカルさんも評価額を調べていた。

「そうね。ちょっと高いですね。でも私は、あの建物がいいです。あれだけ条件を満たしている建物はないですよ。3500万円は出してくれるって、富豪の人が言ってくれているから、上手くいきそうです」と、フィカルさんは明るく言った。

「次に連絡するのは、契約が決まったときかもね」と言い残して彼は電話を切った。

またもやどんでん返し。業界の大物へ、ビデオメッセージを送る

それから1週間後に香川県に戻った私は、ファミレスに呼び出された。購入決定かと急いで向かったのだが、隅っこの席に俯いて座るフィカルさんの周囲は、どよんと淀んでいた。その横にプトラくんもいるが、彼の表情もさえない。先日までの浮かれきっていた様子との落差に思わず笑いそうになったが、事態は深刻のようだ。

「富豪の人が、評価額に合わないことに納得してくれんのや。私、何度も説明したね。苦労して探して、やっと出会えた物件。あんなにいいのないって。でも『君は騙されとる、評価額の2500万円以上になる場合は一円も寄付しない』って言われたんや。」

どうしようかと頭を抱えている。いまいちことの経緯をつかめないが、謎の富豪は不動産業界にも精通しているようで、自分が正しいと言い張っているようだ。

「もう方法は一つしかない。石野さんにもっと安くしてほしいって、お願いしに行きます」と勢いよく立ち上がった。「え？　1000万円もまけろってお願いするの？」と言う暇もなく、超速で会計を済ませ、石野不動産へ私たちは向かった。

私たちは率直に石野さんに聞いてみた。評価額は2500万円なのに、どうして3500万円なのだろうか？　石野さん曰く、あの物件は別の不動産屋が管理していて、その社長は不動

産界のドンと呼ばれる大物らしい。その名は近藤社長。高額の理由は、持ち主が大変裕福なので、売買の意志がないからだ。賃貸物件として所有しておくほうが、利があるというのだ。

「近藤社長は、大物だから、お願いをしにくいなあ。1000万円も下げろって、失礼やんかそや、携帯でメッセージビデオを撮ろう。事情を自分で説明したら、もしかしたら熱意が伝わるかも。」

石野さんの名案にフィカルさんは賛同したが「人前で喋るのほんまに苦手ね。原稿を書いてくれませんか?」と言う。私は彼から伝えたいことを聞き取り、紙に原稿を書いた。それを何度も読みあげ、練習するフィカルさんとプトラくんは、すでに緊張しているようだった。特にプトラくんはがちがちだ。いや、そんなに緊張しなくても、と肩を揉んであげたが、それでも表情がこわばっている。さて準備もでき、撮影開始だ。

「私たちは、インドネシア人です。日本にきて、一生懸命働いています。私たちにとって、モスクはとても大切なものなので、仕事が終わった後、寄付のお願いに毎日行って、頑張ってお金を貯めたり、努力しています。2500万円なら支払えそうです。日本での暮らしをよくするために、イスラム教のイメージを変えて、日本人と仲良くするために、なんとかモスクが欲しいんです。よろしくお願いします。」

5回目のテイクで、やっと納得のメッセージビデオが撮影できた。

少し拙い日本語に、高い音域の声と讃岐弁のイントネーション。そして憎めない2人の笑顔。

もしかしたら想いは届くかも！と思わせる何かがある。1000万円の値下げなんて、どう考えても難しいとは思うのだが、あとは返事を待つのみだ。

石野さんにお礼を言うと「こないだのカレー、美味しかったからお返しや」と粋なことを言う。仲介人の松田がフィカルさんたちの寄合に参加したときにインドネシアのカレーを食べて感動したらしく、わざわざタッパに詰めて石野さんに持っていったらしい。義理と人情の優しい世界。そしてカレーパワー、おそるべし。

「まあ、また何か動いたらすぐに連絡するわ」という石野さんの言葉を信じ、私たちは帰路についた。

ついに不動産界のドンと対面、フィカルの夢は叶うのか

なんのレスポンスもないまま、季節は冬を迎えた。私はもうあきらめていたが、フィカルさんは、いまかいまかと返事を待っていた。そんなある日。「不動産界のドンが会いに来てくれる」という連絡があった。わざわざ、社長自らが来ることが不思議だったが、もしかしたら値段交渉に応じてもらえるかもしれない。

集合場所は石野不動産。交渉前にファミレスで会ったフィカルさんの表情は、やつれていた。無理もない。インドネシア人、中東系ムスリム、日本人という、それぞれに個性的な文化を持

つ人たちの間で交渉をしているのだ。想像しただけで頭がくらくらする。ムスリムは同じ教義を共有しているが、その地域によって、人々の性質は違う。熱帯と乾燥地帯では、食事も、文化も、習慣も、生きるための処世術も異なるので当然だろう。

「みんないろんなことを好き勝手に言うから、嫌になるね。この状況を説明するのも、難しいし。でも私は頑張るよ。頑張るしかない。寄付してくれた技能実習生たちが帰国しないうちに、モスクを作ってあげたいしな」と、自分を奮い立たせた。

インドネシア人のコミュニティーには「もう購入できる」くらいのことを言ってしまったのだろう。このままでは、彼の面子もつぶれてしまう。インドネシア人は面子を大切にする人が多いのだ。

石野不動産には、珍しくビシッとしたスーツ姿の石野さんがいた。少しピリピリしている。フィカルさんも落ちつかない様子で机の周りをうろうろしていた。

数分後、真っ白な高級車が駐車場に停まった。フィカルさんはその高級車を見て、さらにおののいてしまったようだ。インドネシア人の中には、高級車に乗る人＝すごい人、という方程式があるようだ。そして、重そうなドアが開き、ついに不動産界のドンと言われる近藤社長が現れたのである。柔和な表情の紳士的な振る舞いの人だが、百戦練磨感が滲み出ている。オールバックで高級なブラックのスーツを嫌味なく着こなしている感じに大物感が漂っていた。フィカルさんが硬い表情で笑いかけると、近藤社長はニヒルに笑った。さてフィカルさんは、事の顚末を熱っぽく語った。自分たちの現状、どれほどの時間と労力をさいて夢を追いかけているか、寄付してくれた技能実習生たちの想い。そして奇跡的につかんだ幸運が、この金額交渉の結果次第で消滅すること。近藤社長は意外にも話をじっくり聞いてくれたが、返答は望ましいものではなかった。

「残念やけど、2500万円は無理ですね。3100万円までなら頑張れるかもしれません。」

私なんかは400万円も安くなったので驚き、満足してしまった。だがフィカルさんはそれでも食い下がり、説得を続ける。

「私たちは日本人に誤解されてます！　どうにかするためにも、モスクが欲しいんです！　みんな待ってるんです。なんとかなりませんか？」

少し手が震えている。よほど緊張しているのだろう。その震えは胸に迫るものがあったが、やはり1000万円の壁は高い。

「3100万円以下はちょっとねえ。仲間と相談してそれでも大丈夫なら、電話してください」と言い残し、近藤社長は帰っていった。

「はあ、無理だったか。普段は使わん頭使ったから、疲れました」と、放心状態のフィカルさんを、石野さんが慰める。

「フィカルさん、よう頑張ったよ。あんな高いのはあきらめて、もっと小さな物件にしようや。探しとくけんね。自分たちでお金を出して買った方が、自由に使えてええと思うよ」

冷静な大人の意見だ。無理をして背伸びをする必要はない。まず小さなモスクからはじめたらいいじゃないか、と私も思うがフィカルさんは言う。

「私は絶対にあきらめんよ。あの建物を買う！　３１００万円を自分たちで集めるね。自信があるよ。自信がないと言わないね！」

鉄のように固い、フィカルさんの決意の理由

慰めついでにファミレスでコーヒーを飲むことになったのだが、彼の興奮がおさまる様子はない。「私は絶対にあきらめんよ！」と言うフィカルさんのその大きな声が、店内に響く。彼は、その富豪に直接会って、もう一度説得するつもりだが、望みは薄そうだ。それは自覚している。だとすれば自分たちでお金を貯めることになるが、そんな大金をどうやって集めるというのだろう。

「インドネシア大使館の偉い人に連絡する。その人に後援してもらえると、寄付してくれる人が増えるやろ。」と言うが、インドネシア大使館の職員に知人はいない状況なのである。私は正直に自分の考えを言った。

「僕はイスラム教徒じゃないからわからないけど、日本人の感覚だったら無理。絶対に無理だと思う。３１００万円が日本でどれほどの価値があるかわかる？　しかも、富豪の人が無理な

ら、技能実習生たちの寄付を財源にするんやろ？」

「わかってるね。でもここまできたらあきらめられないね！」

声を荒げ、目を見開いた。すごい眼力だったが、まだ３００万円しか貯まっていない状況では、その言葉は空疎に響いた。

私はあきらめるように説得した。もっと安い小さな物件でいいじゃないか。３１００万円という大金は、彼の首を絞めかねない。いまでさえストレスで疲弊しているのだ。眠る時間も惜しんで家族のために働き、モスク建立の方策を考えている。夜、悪夢を見て目が覚めることもある。このままでは絶対につぶれてしまうが、彼の意志は鉄のように固い。あまりの頑なさにこちらもイライラが募ってきた。なぜそこまでこだわるのだろうか。まさか、立派なモスクじゃないと見栄えが悪いとかが理由なのだろうか。それだったら、もう取材はやめようと思っていた矢先、彼は自分の考えを述べた。それは重い言葉だった。

「私たちは、この国の一員になれてますか？　そうは感じないです。怖がられて、テロリストやって言われて、ばかにされて。これから私たちが、どうやったら日本社会に認められるかを、よく考えたんやけど、モスクを宗教法人にしたほうがよいね。日本の国から認められたことになるでしょ。これ、めっちゃ大切なことよ。それに日本人から信頼を得るためには、立派な建物じゃないと、ダメやと思うんや。」

宗教法人化のためには、まずは社団法人として数年間活動するのが近道なのだという。なんとフィカルさんはすでに社団法人の設立について、司法書士に相談を開始していた。彼は本気だ。本気で宗教法人化を目指すために、３１００万円を集めようとしている。

確かに、日本社会から信頼を得て地域に溶けこむためには、自分たちが何者かを明確化する必要があるし、住宅や倉庫よりも、しっかりした建造物を居抜きで使うほうがいい。

ここまで鬼気迫る思いで、モスク建立に取り組んでいたのである。私には、彼が「社会に認められたい」と思う気持ちはよくわかった。10代にイギリスの田舎町にある大学に通っていたころ、似た苦しみを経験していたからだ。住んでいた寮は丘の上にあり、野ウサギがぴょんぴょんと跳ね回る、牧歌的なエリアだった。インド人や、パキスタン人、労働者階級のイギリス人、ヒッピーのスペイン人、彼に師事するイスラエル人、ケニア人など多様な人たちが、暮らしていた。寮の生活は楽しかったが街を歩けば、差別を受けることが多かった。肌の色や不完全な言語を理由に、言葉や暴力で、見下された体験は生々しく心に刻まれている。排外主義者たちが寮にきて、エアガンを玄関に打ち込む事件もあった。英語を勉強したいし、同年代のイギリス人と仲良くなりたかったが、話しかけても無視をされたり、鼻で笑われたり、存在しないもののように扱われることもあった。それは直接的な差別用語を浴びせられるより、プライドをえぐった。その時に蓄えた劣等感は20年たったいまも、まだ心のどこかに残っている。

一方で、この国はどうだろうか。外国人という雑な括り、商店街での冷たい視線、信仰を理由に向けられる疑念。その小さくも心に刻まれる差別は、ボディブローのようにダメージを蓄積する。そして彼らを孤独の檻に閉じ込めていく。処方箋となるはずの多様性という耳障りのいい言葉は、消費され続け、形骸化してしまっている。そもそもどこまでが、その多様性に含まれるのだろうか。その言葉自体がコマーシャルなイメージアップ戦略に吸収されて陳腐なものへ成り下がってしまい、それどころか枠の内外の複雑なリアリティを覆い隠し、(だれかが定義した) 多様性の網目からこぼれ落ちる存在をさらに孤立させている。規定された枠の中にいる、ある種の価値観を共有しているマイノリティーだけへの寛容が高まる、虚構の優しい社会が生まれようとしているだけに感じるのだ。

フィカル家を初めて訪れた時の、祈りの現場がふいに頭をよぎる。近所の住人でさえ、彼らの存在には気がついていない。街で見かけるヒジャブをかぶった女性や、青年たちが何者なのか、なぜ日本にいるのかも、ほとんどの人は興味さえ持っていない。イスラム教徒の中にもさまざまな個性があり、信仰を持つこと以外、我々とそう変わらないということも知らない。自分たちの主義主張を通すために、人を殺めることなんて、考えたこともないのに、怖がられ、時に見下される。そう思うと、彼らにとってのモスク建立は、ささやかな存在の証明の意味もあるのではないだろうか。一人ひとりが異なる名前と顔と個性を持つ、個人であることを知ってもらうための。

「私たちはみんな心からこの国が好きやし、役に立ちたい。同時に、自分の宗教を大切にしているだけであって、それをだれにも押しつけるつもりはないよ」いつかの親父の言葉が頭をよぎった。

２０１９年の12月15日だった。

私たちが会計を済まし、ファミレスの外に出ると、肌寒い風が吹いた。

「ふー、日本の寒さは身にしみるわ。でも私はあきらめんよ。来年は絶対にうまくいくね。何か進んだら連絡します」とフィカルさんは宣言した。

こうして２０２０年を迎えることになる。モスク建立計画はだれも予想していなかったパンデミックに、日本社会と等しく巻き込まれていくのだ。

第8話　パンデミックが炙り出すムスリムの絆

想定外の連続——波乱の2020年の始まり

フィカルさんはその日、造船工場にいた。春先だというのに夏のように蒸す空間に鋭利な機械音が鳴り響く中、いつものように工場の隅で祈りをささげた。薄い板で囲んだＤＩＹの礼拝室。体一つしか入らない空間で神を讃え、床に額をつけた。

２０２０年3月12日、造船工場内にだれかの叫び声が響く。「パンデミックが起きた！」

２０２０年は、何かとんでもないことが起きそうな予兆があった。まずは新年早々のイランとアメリカの開戦危機。地方都市で暮らすムスリムたちも、その動向を注視していた。「またイスラム教の印象が悪くなるね」と、いつもは唖然とするほどポジティブなフィカルさんが、珍しく不安を漏らしたのが印象的だった。9・11でムスリムにテロのレッテルが貼られてから、19億人のムスリムのうちたったひとりでもテロを起こせば、フィカルさんたちを取り巻く環境が変わる可能性がある。戦争になればなおさらだ。2016年、バングラデシュの首都ダッカで起きたテロ事件に日本人が巻き込まれた直後、日本国内のムスリムへの投石事件があった。モスク計画へも反対が起きかねない。フィカルさんがモスク計画の早めの完遂を目指す理由の一つは、ムスリムは国際社会の世相に影響を受けやすいというものだ。

その後、ウイルスが世界に拡大していくニュースがどれくらい続いただろうか。ついにWHOにより、パンデミックが宣言され、ジェットコースターのような世相に突入していった。3月24日には、東京オリンピック・パラリンピックの延期が決定。補償を求める声や政治家の悪手への批判がSNSのタイムラインを占領し、各国でトイレットペーパーの買い占めが起こるカオスを見ながら「これは、モスク計画は頓挫するな」と、私は結論づけていた。

なにしろ、彼らの生活や命が危ぶまれる事態なのだ。フィカルさんが働く造船業界は、海外への輸出に依存する業界だ。国をまたぐ交通網が不全に陥れば、致命的なダメージを食らう。そうなれば職を失うのは日本人ではなく、まずは移民だろう。2006年のリーマンショックで、大量の移民が路頭に迷った記憶がよみがえる。技能実習生はさらに立場が弱く、首を切られやすい。

心配していると、フィカルさんからメールが来た。いつものようにひらがなだ。

「おつかれさまです。ふごうのひとが、にほんにもどってこれなくなりました」

寄付してくれる可能性が少しは残っていた謎の富豪。一時、母国に帰省していたのだが、来日ができなくなってしまったのだ。これでゲームオーバーかもしれない。パンデミックでモスク計画が止まることを、だれが予想していただろう。

不屈の男、パンデミックでの人助け

2020年4月某日。「明日、大切な会議があります」とフィカルさんから連絡があった。X市に向かう途中で立ち寄った、高松市の歓楽街はゴーストタウンと化していた。漆黒の闇に包まれ沈黙する街をゆっくりと徘徊するパトカーが、ディストピア感を増長させていた。街の変わり果てた姿に愕然としながらも、X市へと車を走らせた。集合場所はフィカル家だったが、まずはいつものファミレスでコーヒーを飲み、気を落ち着かせることに。なにせ、久々に人と会うことに緊張感があったのだ。

店内は夕食前だというのに静まりかえっていて、いつも呑気そうに働いていた眼鏡の店員がぎこちない笑顔で近寄ってきた。彼の気持ちはよくわかる。私の日常もすっかり変えられた。

コーヒーを2杯飲んだあと、フィカル家へ向かう。玄関前で街灯に照らされてフィカルさんが立っていたので、2019年に初めて会った時のことを思いだした。懐かしさを覚えたのだが、真っ白なマスクを装着した姿がなんとも滑稽に見えてしまう。つけ慣れていないのか、マスクが微妙にずれているのが愛らしい。彼はいつものように、にこにこ笑っていた。「やせ我慢」

の文字が浮かんだ。異国でのパンデミック。娘も3人いる。いたわるためにどんな言葉をかけようか？　そんなことを考えていた。

「いやー、大変なことになったね。元気にしてた？」と小声で喋りかけたが、彼の返事は相変わらずだった。

「仕事は減ってるけど大丈夫。やることやって、お祈りしてたらなんとかなるわ」とフィカル節が炸裂する。

表情から不安は1ミリも感じられない。さすがにその能天気さに驚いてしまった。近い将来に失業する可能性だってあるじゃないか。世界恐慌、ウイルスの強毒化、排外主義の高まり、いくらでも最悪のシナリオは思い浮かぶ。

「これから何が起こるかわからんよ。不安ではないの？」と、思わず聞いてしまった。

「いまのところ食べるのに困ってないからね。私より困っている人が、たくさんいるね。インドネシアの実家の近所の人たちも心配や。そんなことよりな、モスクの話があるんやけど」と、フィカルさんはコロナの話はそこそこに、話題を変えた。パンデミック危機を「そんなこと」はないだろうと啞然としたが、間髪いれず話を続ける。

「富豪の人が戻ってこれんから、どうしようかなあ？　もう少し安い建物も探してるけどな。社団法人化も順調に進んでます。でもやっぱりあの物件以外に、いいのはないね。なにか知らないですか？」

なんと、パンデミックの最中でもモスク計画は変わらずに動いている。ていうか、昨年とまったく同じ会話じゃないか。パンデミックが起きていない世界線に迷い込んだ気分になる。私はこの男のブレなさに感動した。強風の中をゆらゆら揺れる柳の木。あるいは茫洋とした太平洋のようだ。

「まあ、外で話しててもしょうがないわ。今日は会議しますよ。仕事が減って困っている人を助けるんや」

モスクの話じゃなくて、人助けの会議なのか。相変わらずの情報量に、頭の回転が追いつかない。

非常時にどう振る舞うか？　ムスリムたちの平静

だれを助けるのかも知りたかったけれど、私はムスリムがパンデミックをどう過ごし、どうやってこの状況と向き合っているのかに興味があった。なかなかリアルに見られる機会はない。さっきのフィカルさんの呑気な表情。なぜ平然としていられるのだろうか。

フィカル家の引き戸を開けると、どたどたと足音がする。フィカルさんの子供たちも家にいるということだ。愛猫のバランもキャットタワーの上で大口を開け、あくびをしていた。応接間には息をひそめるように、マスクをつけたプトラくんと、以前話を聞いた技能実習生の女の子のジェマさんがいた。ジェマさんはフィカルさんのことを「日本のお父さん」と慕い、フィカルさんの奥さんにインドネシア料理を教えたり、家族ぐるみの交流をしている。

プトラくんとジェマさんとの久々の再会はうれしかったが、同時に人と近づくことへの不安がこみあげてくる。私はマスクをつけ直し、畳の上に腰を下ろした。私の動揺と相反するように旧来の友人に会ったかの如く笑っている2人。フィカルさんの笑顔と同じだ。この癒し系たちはなんなのだろう。

「大変なことになったね……」と、私は彼らへつぶやいた。2人はフィカルさんほど鷹揚に構えていないようで「そうですね」と声をそろえた。

「介護の仕事だから人にうつしたら大変。マスクや手洗い、めっちゃ気をつけてる。まあでも、それでもコロナになるなら運命やな」と、プトラくん。当時、県外の介護施設でクラスターが起きたところだったし、2人目の子供が生まれたばかりだ。私からすると将来への不安要素だらけなのだが、その口ぶりは慌てていない。

一方、ジェマさんは老人ホームで入居者用の食事をつくるキッチンで働いている。日本語がそこまで堪能ではない彼女はテレビのニュースなどから情報を聞き取れず、ウイルスの広がりを日本人の同僚から直に聞いていた。「最初はめちゃくちゃ怖かったですし、手洗いやうがいは気をつけています。でも神様に任せるしかないですね。仕事が減って残業ができなくなったから稼げなくなったけど、生活には困りません。外出は控えるようになりました。外国人だし、迷惑をかけたくないなと思って徹底しています。」

やはりこの2人もどっしりと構えている。あたふたしてるのは私だけなのである。しかしどうやって不安を克服したのだろうか?

変化でも前進でもなく――恐怖の処方箋は〝1400年前〟との接続

どうやって不安を和らげたのか?と質問をぶつけたところで、きっと明確な答えは返ってこない。生活と地続きの教えを習慣として実践している彼らにとって、言葉で表現するのは難しいのだと、これまでの取材で理解していた。彼らの言動をつぶさに観察し、探しあてるしかないのだ。

ということで、最近は何をしていたの?と世間話をすることにした。「仕事以外はほとんど家にいます」と言う2人。WHOのパンデミック宣言後、日本国内のモスクは、日本政府が発表する外国人に有益な情報をSNSを通じて発信し、手洗いやうがい、マスクの着用を促していた。集団での礼拝や食事を控えることが推奨され、香川県のムスリムたちもその通達を守っていた。

宗教のアイデンティティーのひとつは「集合」だと思うが、その中でもイスラム教は集団意識が強い。集まれないことは、私たちが思うより精神的にもしんどいことのようだ。この日もかなり久しぶりの再会。

「めっちゃ、さみしいわー。早くみんなでお祈りしたいわ」とプトラくんは言う。

暇な時間が増えたので、彼はコーランを読みふけったのだという。コーランは約1400年前にムハンマドが受けた神からの啓示を記した聖典だが、教義だけではなく結婚や離婚や相続、飲食、性交、揉め事の対処方法についてなど、生活の行動規範なども細かく記されている。聖典以上の存在だといわれる、ムスリムが最も大切にしているものだ。

「コーランを読んでお祈りしていたら、私たちがどう振る舞うべきか、わかった気がしたんですよ。それにコーランを読んで声に出すと神さまの存在を近くに感じ、守られていることがわかるんです。」

36章のヤー・スィーン章には、全114章あるコーランの〝心臓〟と呼ばれる重要な内容が書かれてある。イスラム教の教義の骨子、ならびに啓示と来世についてが述べられていて、悩んだときや知人が亡くなったときなど、さまざまな場面でこの章を読誦する。フィカルさんは子供のころから、困ったときはこの章を読誦している。特に83節を口ずさむと気持ちが落ち着き、よいアイデアが思いつくのだそう。

かれにこそ凡ての称讃あれ。その御手で万有を統御なされる御方、あなたがたはかれの御許に帰されるのである――

正直に言って、私にはピンとこない言葉だが、アラビア語で読誦したときの響きは、妙に心にしみわたる。

「でもな、普段からちゃんとお祈りをして、ルールを守ってないといかんよ。困ったときだけ、神様にお願いしても意味はそんなにない。正直言うと、私も最初ちょっと怖かったけど、一回お祈りしたら、これまで通り神様に任せるしかないと思った。マスクと手洗いして気をつければ大丈夫やと、心配せんようになりました」とフィカルさん。

日常的に戒律を守り、祈りをささげ、神との関係を築くことは、非常時が訪れたときの精神的インフラにもなるのだ。ここに信仰の真髄を見た気がするが、衝撃的だったのは約1400年前の教えに立ち戻ることで不安を薄めていたことだ。

私がこの状況でどうやって不安を薄めようとしたかといえば、〝変化〟だ。大震災や、オウム事件、原発事故など社会を揺るがす出来事が起きたときには「なにか新しいことに挑戦する」「生き方をパラダイムシフトする」など、変化を称賛する言葉が世間を席巻する。私もそれに引っ張られ、無意識に変わることで順応しようとした。しかし彼らを見ていると、私はまったく確かではない希望に目を向けることで不安をごまかし、虚構の平静を保っているだけのように思えてきた。隘路に陥ったときに立ち戻れるアイデンティティーとなる精神性や普遍性がないので、変化への希望で不安を薄めるしか方法がないのだ。そう思うと、なんて刹那的で虚弱な生き方なのだろう。
私もコーランの和訳を読んでみた。抽象的な表現が多いので、信徒ではない私には、正直言って意味はよくわからない。だが、リズムが美しく、深遠な文章であるということはわかった。特に心に残ったのは次の一節だ。

太陽が月に追いつくことはならず、夜は昼と先を争うことはできない。それらはそれぞれの軌道を泳ぐ。——

フィカルさんたちが言う運命とはこのことかと、少しだけ彼らの世界に近づけた気がした。それにしても、詩的で知的で壮大な表現だ。
後日談になるが、ある造船会社で働くインドネシア人の寮を訪れたときも、コーランを読むと不安がなくなったという話を聞いた。彼は愛妻と子供を3人、母国に残し出稼ぎに来ている。「疫病が流行したら、移動をするべきではない」という一節を守ることで、彼は恐怖に打ち勝った。私たちからすれば、当たり前の言葉に聞こえる。だが、彼と彼の家族にとって、コーランを神の言葉であり、幼いころからよりどころとして生きてきた。ムスリムたちには、言葉に宿る力が生む避難所が設けられている。言葉の節々、行間から、神の気配が漂い、1400年の歴史の蓄積が説得力を与えているのだ。

この時期にも断食を？　国境を越えたラマダンの力

引き続き3人の様子から不安への処方箋を探していると、いつもより表情が静穏なことに気がついた。２０２０年のラマダン月を迎えていたのだ。これほどの非常時にも断食をしているらしく、免疫力が落ちてしまうのではないだろうかと心配になった。ラマダン月の開始時期は月の満ち欠けによって、毎年変動する。２０２０年は4月23日〜5月23日だった。

夜明けから日没まで、１ヶ月ものあいだ水や食事をとらない日が続く。断食は強制ではなく、妊婦、病人、高齢者、成長期の子供など、断食できない事情のある場合は免除される。パンデミックも免除の理由になりそうだが、「ラマダンはただの断食ではないんです」とフィカルさんは言う。

断食といえば精神を律するための修行といったイメージだが、彼らにとっては喜びと祈り、浄化の月でもある。日没後に友人や家族、親戚と集まって普段よりも豪華なご飯を食べるので、楽しみにしている人も多い。また食事だけではなく、悪口、嘘、揉め事も断ち、人間関係を整える。ちなみにラマダン明けには、イード・アル・フィトルという盛大なお祭りが開かれ、インドネシアではその時を家族と過ごそうと帰省ラッシュが起きる。ラマダンで清い心を取り戻し、心機一転できることから、日本でいう、正月のような1年の節目なのだろう。ラマダン期が終了してから数日は、挨拶を兼ねて理由は述べずに謝り合うのだそう。人間はだれでも悪口を言ったりミスをしてしまうものなので、すべてを水に流そうということだ。

「一年に一回な、すごいすっきりした気分になるんや。どんな人でもだれかの悪口を言ってしまうし、素直に謝れない相手もいるやろ？　だから謝ることを習慣にすれば、理由を言わなくてすむから、関係を修復できるんや。」

ここからもイスラム教が人間関係の調和を重視する宗教だとわかる。

「それと、大きな目的は、飢えの苦しみを知ることですね」とフィカルさん。

断食で飢える苦しみを体験し、困っている人を助ける気持ちを高めるのだ。ラマダンの月、ムスリムのコミュニティーは協力して恵まれない人々に夕食をごちそうする。インドネシアでは、ヤギや牛をばらしたり、カレーなどの食事をふるまう家がたくさんあったという。

フィカルさんの娘たちもラマダン中は断食をしている。給食も食べないというので「やりすぎじゃないか」と言うと「かわいそうやけど、ご飯が食べられない苦しみがわかる、優しい人間に育ってほしいんや」と言うので、何も言えなくなった。ちなみにラマダンの時期、善行や飢える人への喜捨は１０００ヶ月分の徳を積めるのだという。徳のバーゲンセールのようだ。

パンデミックでも変わらず実践していることに驚いたが、彼らからすればパンデミックだからこそ重要なのかもしれない。それに全世界に散らばる19億人のムスリムが、国境を越えて同じ境遇を共有し、神の気配を感じるのだ。その一体感は、どれほどのものだろうか。ひとりではないことを体感するには十分だろう。その壮大な事実があれば、不安は薄まるのかもしれない。

やがて日が沈み、カレーを食べることにした。もちろん異教徒の私にもふるまってくれた。久しぶりに会う仲間たちと、断食明けの食事。ありがたそうに、カレーと水を無言で食べる。食べられること、健康なこと。当たり前にあると錯覚しがちなものへの感謝を非常時にも淡々とできる彼らを、羨ましくも思った。

そして食事が終わりついに会議が始まったのだが、イスラム教がどれほど善意に満ちた宗教なのか、まざまざと見せつけられることになる。

パンデミックで見えた、ムスリムコミュニティーの底力

さて、会議が始まった。一体、だれを助けるというのだろうか？　香川県の技能実習生たちが職を失った情報はなかったのだ。

「日本語学校に通う留学生たちがバイトをできなくなって、お金がなくて困ってるんですよ。日本に来る留学生は親がお金持ちに見られがちやけど、そうでもない人が多いんです。」

香川県には日本語学校があり、インドネシア人の学生が14人も通っている。彼らは学費や生活費を賄うため、コンビニや飲食店でバイトをしている。ちなみに豚肉を触る心配のない回転

寿司が人気のバイト先だ（留学生の場合、1週間に20時間のバイトが可能）。だが、コロナの影響で飲食店の経営は軒並み厳しく、就労時間が極端に減ってしまった。技能実習生よりも先に経済的なダメージを受けるのは、社会的な保障のない留学生なのだ。

すでに十分な寄付が集まったので、食品を買って寮に持っていく作戦らしい。なにを購入するかの打ち合わせだったが、こんな時期によく他人を助けるものだ。それにしても、集まることが禁止されているいま、どうやって寄付を集めたのだろうか？　いかにして留学生の現況を知ったのだろうか？　と疑問が次々と頭に浮かぶ。私は、留学生とフィカルさんが一緒にいるのを見たことがなかったのだ。

「ＫＭＩＫのコミュニティーのメンバーが『留学生がバイトができなくて困ってる』ってラインのグループチャットで教えてくれたんや。ほら、インドネシア人を見つけたら、声をかけて登録してもらうって言ってたやろ？」

よく覚えている。初めてこの家を訪れた２０１９年の3月ごろは、ちょうどＫＭＩＫができたばかりで、メンバーを増やそうとしている最中だった。駅のホームや、街で見かけたインドネシア人に声をかけ、ＫＭＩＫの存在を伝え、連絡先を交換していると言っていた。私はそれを聞いて「なんと非効率で面倒なことをしているんだ」と感じた。声をかけられたインドネシア人は、気味悪がるんじゃないかとさえ思っていたが、まさかこのように機能するとは。

その地道な努力のたまものであるＫＭＩＫは、ＳＮＳのグループへの参加者だけで３００人ほどになっていた。そこに「留学生が困っているので、寄付を集めています」と投稿すれば連絡網が力を発揮し、情報は瞬く間に拡散され、寄付をする余裕がある人はＫＭＩＫの銀行口座へ振り込むのだ（ちなみに、２０２１年のラマダン時期にはパレスチナへの寄付をコミュニティー内で募ったが、１ヶ月で22万円集まった）。

この時はコロナの影響もあり寄付はそこまで集まらなかったが、東京にある国内最大のインドネシア人コミュニティーが、ザカートの一部を寄付してくれることになった。ザカートとはイスラム教の義務の一つで、困窮者を助けるための喜捨。富を分配するための税金のようなものだが、国家へ支払うのとは別のものだ。財産に余裕があれば一定比率の金銭や現物を支払うのだが、貨幣での支払いは年収、あるいは余剰利益の２・５パーセントと決まっている。目的は、富を再分配することで差別と貧困を抑制すること。また、他者の生活に喜捨を通じて関与することで、他者の幸福に関心をもつ社会を生み出し、個の繋がりを意識することも目的とされる。自分の社会的な価値や存在意義を、喜捨を通じて確認ができるので自己肯定にもつながるだろう。注目すべき点は、そのシステムだ。知人などで貧している人がいれば直接渡せばいい。または、近所のモスクの管理者に預けると、彼らは地域で貧している人の情報を把握しているので、責任をもって必要な人へ渡してくれるのだ。つまり、地域のコミュニティーで、集金から分配までの作業を行えるシステムがあるのだ。ザカートはいつ支払ってもいいし、何回かに分けてもいい。だから地域にモスクがあれば、お祈りの際にザカートを集めやすくなる。

寄付を貯めておくと地域で困っている人だけではなく、インターネットやネットバンキングが普及している現代では、遠くの困窮者にも現地のモスクや慈善団体を通じて助けの手を差し伸べられる。昨今、議論が重ねられている「ポスト資本主義」では、行政には頼らない、富の再分配方法を模索し、さまざまな実験が行われているが、彼らは日常的に行っているのだ。その側面からも、ムスリムから学べることがありそうだ。

会議はすぐに終わり、集めた寄付で米、パン、鶏肉などを購入して渡すことが決定した。フィカルさんが代表して、学生たちの寮へ行くことになったのだが、そこでさらなるムスリムの教えの深さを、私は目の当たりにする。

おそるべし、ムスリム式善意の循環システム

打ち合わせから数日後。フィカルさんとKMIKの女性メンバーであるサンちゃんが、近所のスーパーで買い込んだ食品を14袋に平等に分けて、学生たちの寮へと向かった。彼女は、日本人の男性と結婚していて日本在住歴も比較的長く、人柄がいいので、フィカルさんも頼りにしている存在だ。

瀬戸内海沿いの小さなアパートの1室で、男性の学生たちが集まって待っていた。女性の部屋にはサンちゃんがいってくれた。学生たちはまだ若く20代前半。異国の地で迎えた突然のパ

ンデミックによる金銭的な不安は隠せない様子だったが、これでしばらくは飢えることはないだろう。感極まった様子で感謝を述べる留学生を見て、私まで誇らしい気分になった。

その後、みんなで写真を撮った。無事に食物を渡すことができた証拠を、寄付してくれた人や団体に見せるためだ。フィカルさんは実に得意げな表情で、充実感に包まれている。

「これ貯金ね。いいことしてたら、絶対神様は返してくれるからな」とほくほく顔だ。便利なシステムだ。人助けは貯金になるのか。

「それにもし私が仕事をなくして困ったら、だれかが助けてくれる。だからパンデミックでもそこまで心配にならないのかもね。」

人を助けることは神への貸し付けになり、徳を積める。助けられた側も、過度の負い目を感じない。だから気軽に、ギブとテイクの関係ができる。負い目は発生せずとも、助けられた側は恩義は感じる。もしフィカルさんが困っていたら何とかしようとするだろう。善行は自らの命を守るためのものでもあるのだ。その土台になる善意がよどみなく循環するシステムが構築されていて、それが当然の社会で生きてきたから、善意は必ず帰ってくるとだれもが信じている。だから自然と互助が起きるのだ。こういったシステムが、人間関係の横のつながりの強さと、平等性を担保している。ちなみに喜捨はサダカというものもある。これは義務ではない自発的な喜捨で、割合は決まっていない。インドネシアでは路上にいる物乞いにお金を渡したり、レストランに喜捨して貧困者に間接的にご飯をおごることもある。

この時期、日本中のムスリムコミュニティーがひっそりと助け合っていた。

東広島のモスクは寄付を集め、仕事を失ったインドネシア人のために手分けして弁当を家まで配って回った。一軒一軒自転車で回り、ドアノブにかけるという方法でだ。徳島のムスリムコミュニティーでは、香川県と同じように困窮する学生へ寄付を集めた。プトラくんたちは、日本在住のインドネシア人介護コミュニティーの中で寄付を募り、物資不足にあえぐインドネシアの病院へ防護服を送った。他にも数えきれないほどの、助け合いが起きていた。

ちなみにこの善意の循環システムは、ムスリムのためだけに発動されるわけではない。東日本大震災、熊本の震災、岡山の洪水など、毎年のように起きる自然災害の際も多くのムスリムコミュニティーが寄付を募って送金したり、現地に赴いての炊き出しをしている。コロナ禍においても、大塚マスジド（モスク）では、地域の日本人などの非ムスリムの困窮者たちに炊き出しを行った。彼らは、自分たちと同じ善意の循環システムを共有していない人であっても、関係なく助けるのだ。

たまたまお金持ちになった人と、たまたま困窮している人

さて、善行も終わり満足げなフィカルさん。私まで徳を積んだ気になっていた。久々の爽快感に包まれたままフィカルさんの車で、X市へと向かった。

私は貴重な瞬間に立ち会えたことに感謝していた。パンデミックなどの非常時でしか見えないムスリムの姿だっただろう。彼らは非効率な方法で形成したコミュニティーを頼りに、ひっそりと助け合うことで依存を高め合っていた。それは、聖なる依存だ。

特筆すべきはこのコミュニティーの形成力と互助の精神の高さだ。フィカルさんにその要領を聞いてみると、「うーん、モスクでたくさん教えられたけど、言葉にするんは難しいわ。助け合うのが当たり前の環境やったからなあ。子供のころから困っている人をいつも探すようにと、教えられてきました」と言う。

「インドネシア人も自分から助けてほしいとは言いにくいから、周りの人が何かに困っていないか聞き出して、こっそりモスクの代表とか友人に教えるんです。」

よく日本人は文化的に助けてと言いづらいというが、インドネシア人も人によってはそうらしく、周囲が気を付けてあげたり、助けを求めやすい環境をつくってあげているのだ。その方法や感覚を、子供のころから信仰や習慣、大人たちの言動を通して体で覚えていった。ムハンマドが残した教えの中に、「たとえ用事がなくとも、友と一緒にいることは美徳である」「たがいにたずねあい、相手の様子を確認しあいなさい」など、互助力に関連する言葉を多く見つけることができる。

フィカルさんは「自慢するわけじゃないけどな、こないだ、12万円をインドネシアの兄へ送金したよ。８００kg分の米を購入して近所で仕事を失った人に配ってもらったんや。これがイスラム教の考え方ね」と言う。

「大したことじゃないし、自慢することではないけどな」というが、誇らしさを必死で押さえている表情なのである。

彼の地元はその日暮らしの生活者が多く、働きに出られなくなると即貧困に陥る。しかし政府や行政は汚職まみれで、補償金をもらえるとははなから期待していないので、助け合うことが必要だった。イスラム教には「ビッル（正義）」という教えがあり、これは自分に必要なものであっても、自分よりもっと必要としている人に譲ることを意味している。彼らの正義のひとつは、シェアすることとなのだ。

「分け与えられる余力がある人が、もっていない人を助けるしかないんや。今、私はたまたま日本で仕事ができていて、たまたまお金がある。これは神様が与えてくれたことやから、神様に返すために、たまたま貧乏な人を助けないかん。子供のころからそうしてきたから、日本にいてもやることとは変わらないね。」

この一連の出来事は、イスラム教の優しさを知る以上に大きな意味があった。私と彼らの関係性に変化を起こしたのだ。取材を始めた当初は「異国で頑張る移民の現状を伝え、助けてあげたい」という気持ちがどこかにあったが、自分たちの力で難局を乗り越えていく姿に、私の抱く善意が「無意識の上から目線の善意」だということに気づいたのだ。そういった思いあがりが消えたことで彼らとの関係性は対等なものになり、その時初めて、私たちが慣れ親しんだものとは違ったタイプの彼らの知性の存在と、その可能性に気づくことになった。恥ずかしいことだが、私は無意識のうちに、不遜な態度で彼らと接していて、それが私の視野を狭めていた。私が彼らから学ぶ立場に変わったとき、私たちの距離は、より密接なものになったように感じた。この感覚を持つことが、共生と多様性の第一歩なのだ。私にとって、人生観を変えるほど大きな出来事だった。

つかの間の笑いと、かすかに覗いた心

「ところで疑問なんですけど、なんで日本人は、国から10万円ももらって、政治家に文句言ってるんですか？　私、めちゃくちゃうれしかったよ。私が日本にきてすぐに、総理大臣が１万円くれたのをいまでも覚えてるね（おそらく２００９年の定額給付金のこと。実際は１万２千円）。感動してしばらく使わないでおいてたよ」とフィカルさん。

この男、時々深い言葉を言う。批判はもちろん必要だが、感謝抜きに批判だけすれば、感情論となり不信関係に陥る。痛いところを指摘されたことで、ちょっと悔しくなり総理大臣の「うちで踊ろう」事件への不信を伝えると「あー、なるほど。でもインドネシアの政治家はもっとひどいよ。嘘と汚職ばかりね」と言う。私が日本の失策を教えると、フィカルさんも負けじとインドネシアの失策を嘆くという謎の争いが続いた。私が最後に出した切り札は、マスク２枚

だった。まだ届いてもいないし、不良品が多いと聞いていた。

「マスク⁉ プププ。アベノマスクね。知ってるよ」と吹き出すフィカルさんに、私はチャンスだと、畳みかけた。

「ブラジルの大統領は、サッカーボールを配ったらしいよ」

「わははは！ それも知ってるね！ いやー、冗談みたいね。どこの国も大変ね」なぜだかわからないが、2人で涙を流すほど腹の底から笑った。「ああ、こんなに笑ったのは、久しぶりやわ」とつぶやくフィカルさん。

その時、彼が抱えていた不安を見た気がした。いくら鷹揚に構えているとはいえ、仕事の行く先も不透明。家族もいる。自国の友人や家族のことも心配なはずだ。祈りはすべての恐怖を取り除いてくれるわけではない。私たちは、等しく同じ状況で生きているのだ。

「いやー、モスク計画はどうなるかなあ？ こんな状況じゃあ、難しいかもなあ」と、力なく彼はつぶやいた。窓の外には光を失ったゴーストタウンのような街が、瀕死の状態であえいでいた。

ムスリムたちから見た個人主義国ジャパン

もう少し、私が目にした彼らの互助意識の高さについて、話を続けよう。インドネシア人たちは日本の個人主義の実態を知れば知るほど不安になるようだ。フィカルさんは来日した当初、一人暮らしの老人が多いことや孤独死のニュースに、聞き間違えかと思うほどの衝撃を受けた。インドネシアでは、そんなことはありえない。

フィカルさんには、定期的に会う日本人の友人「師匠」がいる。私の他には、プライベートでよく会う日本人はその人だけだ。73歳の高齢者で、フィカルさんが溶接工になりたてのころ、技術を親身に教えてくれた。寡黙で頑固な職人気質だが、フィカルさんには優しくしてくれた。昨今、溶接機の機能が格段に進化し、昔のように高い技術は必要としなくなったが、師匠が昔ながらの技術を教えてくれたことで、フィカルさんは同業の日本人よりも職場で重宝されるようになった。師匠は香川県出身ではなく、九州からの移住者だ。もう40年になる。3年前に定年退職したが、少し借金もあり、もらっている年金では生活ができない時期があった。家族との縁も薄く、古里には戻るつもりはない。溶接工は、仕事を求め、渡り鳥のように移動する。若き日の友人たちの多くは香川県を離れた。若干名X市に残るかつての同僚たちとの交流はない。彼は周囲に知人も家族もいないまま、ひとり寂しく、アパートで暮らしている。

フィカルさんは、師匠をいつも心配している。ちゃんと食べられているのか、さみしくないか。以前、師匠は病院に運ばれたことがある。運よく一命をとりとめたが、それ以降、フィカルさんは少なくとも1ヶ月に一度は師匠を誘い、回転寿司を食べに行くようになった。師匠に会計は絶対に支払わせないようにしているし、師匠の家に行くと、こっそり3000円を置いて帰る。直接渡すと断られるのは目に見えているからだ。フィカルさんは自分が今日本で働き、稼げているのは師匠のおかげだから当然のことだと言う。

「なんで、家族が師匠を守らないのか。それが一番不思議やわ。」

ムスリム社会では老人の一人暮らしや、老人ホームは一般的ではない。

「お世話になった人は、絶対に助けないかん。特に両親は、人生をかけて私を育ててくれたし、兄弟や近所の人たちも私を助けてくれた。家族と最後まで一緒にご飯食べて過ごしたい。病気でも、寝たきりでも、ちゃんと世話するのが普通。うちのお母さんは一人暮らしやけど、家族が近くにいるから。私、ほんとは日本に呼んで一緒に暮らしたいよ。私の友人のインドネシア人は、両親を日本に呼んで暮らしている人もいて、それを自慢するために、SNSにあげてるわ。家族を大切にしていると、すごく尊敬されるんやわ。」

彼らの目には、この国では一人で生きていかなければいけないという前提があるように見えている。家族同士の助け合いさえ、薄いように感じてしまう。そんな国で、もし自分が働けなくなったらどうなるのか。あるいは、子供たちが大人になったとき、病気になったらだれかが助けてくれるのだろうか。

フィカルさんがKMIKを作った理由は、インドネシア人同士で助け合える、家族のようなグループを作りたいという思いからだった。

「私が日本に来たときは、インドネシア人がほとんどいなくて寂しかったし、困ったことがあっても、自分で対処するしかなかった。新しく日本に来る人たちに、そんな思いはさせたくないんや。」

実際KMIKでは互助システムが機能している。例えば、フィカルさんの後輩のインドネシア人技能実習生の父親が、病気で亡くなったとき。すぐにでも帰国したいが、多額の交通費がかかるし、長期間仕事を休むとクビを宣告されることもあるので、戻れるはずもなかった。家族から訃報を聞いても、ただ悲しむしかできないのだ。そんな彼をフィカルさんは家に招待し、仲間たちと顔も知らない彼の父親のために祈りをささげた。

「大した慰めにならないことは知っているよ。でも、一緒に悲しむことで、彼の苦しみは少し減る。家族のような仲間がここにもいると、実感するからな。」

その後、彼の母国の家族のために寄付を募り、送金してあげた。これは出稼ぎ中のインドネシア人がよくやることらしい。技能実習生の仲間の親族が亡くなったときや病気になったとき、特にそれが男性だったら、家族は生活に困る。彼らは会ったこともない知人の家族のために、寄付をする。SNSに書き込めば、まったく面識がない人が寄付をしてくれることもあるようだ。他にも、DVに悩み離婚を決意した友人のために寄付を募ったりと、KMIKは結成してまだ1年くらいだが、さまざまな助けあいが起きていた。

イスラムの世界観では、人間は肉体的にも精神的にも弱く、すぐ過ちを犯す存在だとされている。

弱い存在である人間の行いに絶対はなく、未来のことは神にしかわからない。だから助け合わなければいけないという意識がある。彼らは人間の弱さを受け入れることで、相互依存を肯定しているのだ。個の確立と自立を求められる現代的価値観とは、一線を画すものだが、他者への依存を前提にし、人は不確実な生物だという認識のもとにつくられた社会のほうが、気楽に生きられるだろう。

また、彼らの中で「自己責任」という概念は薄い。何かに成功しても、失敗しても、すべては神が決めたこと。そう考えることで、他者と自己への寛容を同時に肯定しているのだ。

その後、全国のいたるところでインドネシア人技能実習生が職を失った情報を耳にするようになった。コロナウイルスの感染拡大を受け、厚生労働省は、新型コロナウイルス感染症の影響により解雇された技能実習生等に対し、一定の条件の下で最大1年間の就労が可能な「特定活動」への在留資格の変更を認めた。つまり、職を失っても、新たな働き口を探すことができるということだ。また、本国への帰国が困難な（元）留学生や（元）技能実習生等について帰国できる環境が整うまでの間、就労が可能な「特定活動（6ヶ月）」等の在留資格により日本での在留を認めた。こういうときも彼らは友人やコミュニティーに依存する。

「寮を追い出されて困っている」「仕事がなくなったので、紹介してくれませんか？」といったことを、自分で、あるいは友人の危機に気づいた人がＳＮＳに書き込む。

するとだれかが、知人の職場をあたってくれたりして、なんとかその困っている人を助けようとする。「うちにとりあえず泊まれば？」と、知らない人を招待することもあるし、だれか頼りになる人を紹介することもある。この時期、ある業界では人を雇う余裕がなくなり、ある業界では人手不足が加速していた。溶接工から農家、菓子製造から建設業など、技能実習生の転職が頻繁にあったようだ。２０２０年の11月から12月にかけて香川県で鳥インフルエンザが流行し、大量の鶏が殺処分された時もそうだった。こういうときは、県庁職員などの公務員が出動し、処理の手伝いにあたるが、それだけでは人員が足りない。留学生や移民などがその業務に参加した。そのときも、こういった情報網が機能していた。「あそこにいけば、仕事がある」という、情報はすぐに駆け巡る。顔も知らない人たちに信頼して仕事を紹介できるのも、同じ信仰を持ち、似た感覚を共有しているからだろう。

またどうしても食うに困れば、モスクにいけばだれかが助けてもくれるし、宿泊もさせてくれる。彼らは自分が窮地に追い込まれると、まず家族、仲間、そしてモスクを思い出す。

緊急時に救いを求められるもの、頼れるものが、多様にある社会の豊かさや、それが生む日常的な安堵感。私がこの国でもう長いこと感じられていないものを、彼らは異国の地で見事につくりあげている。

土着の互助システムとイスラム式の融合

「インドネシア人は他国籍のムスリムに比べても団結力がある自信をもってるよ」とフィカルさんは言う。私がそれを実感したのは、2020年の5月にあるニュースを耳にしたときだ。100人ほどのロヒンギャ難民がミャンマーで受ける迫害から逃れるために、ボートで太平洋を漂流しているというのだ。ロヒンギャはイスラム教を信仰している。同じムスリムが多いマレーシアなどに助けを求めたが、コロナウイルス防疫を理由に断られた。また海をさまよい、インドネシアのアチェ州へ流れ着いた。アチェ州は、インドネシアでも特別な地域で、厳格なイスラム教の教えを守っている。5月24日、アチェ州の漁師が、ロヒンギャ難民を乗せた船が漂流しているところを発見し、地元当局に通報したが、コロナを持ち込まれては困ると、救出を拒否した。だが住民たちは、その決定に猛反発し、自らの意志で彼らの救助活動を行い、モスクを宿泊所として開放するだけではなく、食事を提供した。

私は、この団結力の源泉にイスラム教の教えと土着文化の影響があるのだろうと考えていた。そのきっかけは、ワディンくんに彼が育った地域の掟を聞いたときのことだ。技能実習生制度で貯めた資金を何に使うのか聞くと、「家族に家を建てて農地を広げたい」と答えたので、私は何気なく「トラクターや田植え機を買えるんじゃない?」と言った。するとワディンくんはこう返した。

「そんなことをしたら、いけません。多分、村人に燃やされますよ」

私は唖然とした。過激すぎる。足の引っ張り合いが、日本とは比べ物にならない。「ひどい話だね」と、私が言う。てっきりワディンくんもフィカルさんも、同調すると思っていた。しかし、フィカルさんはこう付け足した。

「日本人はどう感じるかわからんけど、ネガティブなことじゃないよ。トラクターとかは高いから、みんなが買えるわけではないからね。一部の人だけが儲けると、助け合いの精神が薄れるでしょ。嫉妬が生まれるのは、よくないこと。それに機械に頼ったら、稲を植える人、狩る人の収入がなくなるじゃない。だから、ジャワ島のある地域では、その掟をみんなが守ってるんや。スマトラ島ではあまり聞かないけど。」

インドネシアには、土着の相互扶助の文化が根付いている。それは「ゴトン・ロヨン（ジャワ語で、みんなで一緒にものを運ぶの意）」と呼ばれ、地域の道路や学校の建設を自主的に寄付を集めて行ったり、地域の住人の家の修繕、清掃・美化活動、自警団の運営など、実に多様な物事を行政に頼らず地域のコミュニティーで解決していく。フィカルさんは「うちの町でも、月に一度は近所の人たちと町の掃除をしていたよ。友達の家を直しに行ったりもしたなあ」と言う。

地域独自の互助システムも、枚挙にいとまがない。ある村では各家の軒先にカップがつり下げられ、少量のお米を入れる。村内の警備・夜警をする人への感謝の気持ちなのだそう。受け取ったお米は家族で食べたり、売って現金に換えたり、地域の貧しい家庭に再分配することもある。

　また、アリサンという習慣もある。町内会や婦人会などが定期的に集まり、お金を持ち寄ってくじ引きをし、当選者が全員分のお金を手にできるという仕組みである。これは、江戸時代末期くらいまで日本で盛んだった頼母子講や、沖縄に根付く模合の互助システムとよく似ている。コミュニティーの絆を深め、調和を培うことを第一目的に開催されるため、貧しい人でも参加しやすいように掛け金は低く設定されることが多い。だれかが病気になり資金が必要になったときや、困窮者の救済に利用されるケースもある。

　国家が何とかしてくれるという幻想があるから人はそれに頼りにし、国家の権力が高まっていく。それよりもみんなで助け合い、調和を大切にし、生きていくインドネシア人は自治意識が相当強いのである。それは国家の頼りなさの反動でもあるのだが、そういった国民性が、寄付が集まるスピードにも大きな影響を与えていくことになるのだ。

第9話　危うい計画　無謀な挑戦の行方

KMIKを再編成。個性的な人選でリーダーを援護

パンデミックでも季節は春を迎え、例年通りに桜は咲き、自宅の近くにある桜の名所には、ヒジャブをかぶった女性の集団が、写真撮影に訪れていた。4月にはジンチョウゲが咲き誇り、甘い香りを漂わせる。日々劇的に変わる世界情勢に、私たちの時間感覚は狂わされていたが、物心がついたときから変わらず続く季節のサイクルや自然の営みだけは、正常に時を刻んでいることに安堵した。非常時であっても地球は粛々と廻り続けるように、フィカルさんたちも、粛々とコミュニティーの土台を整えていた。

「社団法人の許可が下りました！」と弾む声でフィカルさんから連絡があった。これで数年間の活動を続ければ宗教法人の認可がおりる可能性があるが、申請のためには、活動の具体的な内容を書面に残さなければならず、煩雑な作業も増えてくる。また、モスク建立計画でも、コ

ミュニティーの筋力をつけなければいけない。そこで、KMIKも役割分担を明確にし、ネットワークを強化する必要があった。KMIKは1年に一度、リーダーや役割を編成する決まりがある。これまではなんとなく暇な人が運営を手伝っていたが、話し合いの末、しっかりと役割分担することに決めた。リーダーはフィカルさん。プトラくんは副リーダーに昇格し、リーダーを支える立場になった。この2人以外は、全員20代だが、各メンバーの特徴や性格から、この人選がバランスの取れたものに感じ、私は舌を巻いた。各自得意分野が違うし、冷静に判断できる人がいるので、暴走しがちなリーダーをしっかりサポートできそうだ。果たしてフィカルさんが、どこまで計算しているのかはわからないが、神が彼に味方してくれているのかもしれない。

一人一人紹介していこう。まずムーキーくん。彼はSEの技能実習生として、香川県の企業で働いている。非常にクールな性格で、他の若者たちが無邪気に談笑しているときも、その輪に加わらず、遠目で傍観している。職場の同僚はほぼ全員、アジア系の外国人。会話はすべて英語なので流暢なアメリカ英語を喋るし、スケーターのようなダボっとしたファッションでしゃれ者だ。彼はそのセンスやパソコンスキルを活かし、寄付を集めるための広報物のデザインをしてくれる。

そしてアディさん。彼はいつ見ても幼い息子を抱いていて、非常に澄んだ目をしているので、私は勝手に聖人と呼んでいた。フィカルさんも「あの人が、焦ってるところとか、怒っているのを見たことがないよ。私とは大違いね」と言う。本当に邪気がないのだ。彼も博士号取得のために日本に来た研究者だが、一方でイスラム教のことに非常に詳しい。例えば寄付を集める文書を作成する際、どういった言葉を使うべきか、また、何を訴えるべきかを的確に判断できる。母国で教授職に就いていたので言葉遣いも巧みで、対外的な信頼があるので、公民館などで寄合をする際に呼ぶイマームのブッキングの担当も任された。また寄合の参加者を増やすためのアイデアを出す際には、「ビザの延長方法を説明する時間を作る」「キャンプを企画する」など、有用なものが多い。ただしアディさんはあと6ヶ月ほどで帰国する予定だった。モスクの完成を見る可能性は低いが、「みんなが幸せになればそれでいいから、手伝います」という彼はさすがの聖人ぶりなのだ。

コセフくんは、鉄工所の事務職として働いている。物静かだがムーキーとは違い、積極的にコミュニケーションをとる性格で、グループの調和をとるのに長けている。彼もかなり温和だし、頭が切れる。本業が忙しく手伝う時間があまりとれないが、仕事を通じて日本の世相をよく知っているので的確なアドバイスをフィカルさんにくれる。

女性のメンバーも3人いる。まずはアルムさん。彼女は主に振り込まれた寄付金や領収書、請求書などを管理している。まだ20代前半で、かなり厳格に戒律を守るムスリムではあるが、抑圧されている感じがまったくしないし、それを周囲に押しつけることはしない。男にも女にもフレンドリーで年齢関係なく、みんなから信頼されていて、フィカルさんも、彼女の言うことは素直に聞く。よく笑い、意見をズバズバ言い、積極的に行動する、勝気な性格だ。自立心が強い才女で、インドネシアの大学を卒業後に香川の大学院に入学し、卒業後は老舗醤油屋に就職した。そこでハラルフードの開発を任されていた。ハラルフードとは、ムスリムが食べることを許された食品。非ハラルは許されていないことを意味し、アルコールや豚などが代表的だ。彼女は入社1年目にして、うどん用のハラルだし醤油の商品化を成功させたのだが、その動機はうどん県民の琴線を刺激するものだった。讃岐うどんはインドネシアでも人気のようで、アルムさんは来日当初は、本場の味に興味津々だったらしい。だがうどん店でかけうどんを注文しようとした時、だしに〝みりん〟が含まれていることを知った。彼女はみりんなどに含まれている少量のアルコールの摂取も避けているのだ。（アルコールの摂取については、ムスリムの解釈は多様。インドネシア人の場合、酔わない程度の少量のアルコールの摂取は気にしない人が多数派だ。）

結局、アルムさんは泣く泣くうどん店をあとにしたが、この経験が彼女のうどん店でうどんを食べたい欲に火をつけ、日本の醤油会社に就職し、実際に開発してしまったのだから、とんでもない行動力である。彼女は現在はうどん屋で、素うどんを注文し、自分で開発したハラルだし醤油をかけてうどんライフを楽しんでいる。

エリサさんとセプティさんという女性は、寄合の時のごはんを作ったり配膳の役割、外部から問い合わせが来た時の対応を任された。彼女たちも日本の介護の国家試験に合格し、介護士として働く自立した女性だが、まったく偉ぶっている感じがしない。2人とも、目が合えば恥ずかしそうに微笑んでくれるが、話しかけると、照れて口数が少なくなる。しかし、実は日本語が堪能なのだという。私は慎ましくも強い心を持つ彼女たちへ、尊敬の念を抱いていた。

イスラム社会は女性蔑視だという印象があるかもしれない。しかし女性蔑視が起きる原因は、どちらかといえば、その地域に根付いている伝統的な文化によるところが大きいとも言われていて、インドネシアではムスリム女性の社会進出が著しいのである。

さて、この7人とフィカルさんが中心メンバーになるが、各自、その友人など手伝ってくれる人たちがたくさんいるので、彼らは窓口のような役割もこなす。コミュニティー内から意見を吸い上げ、ミーティングでみんなに伝えるのも仕事だ。

そしてもうひとりがセニンさんだが、最近まったく顔を見ていない。彼は昨年まではKMIKの中心メンバーで、リーダーと同じくらい発言権もあったし、尊敬も集めていたはずだ。試験のための勉強が忙しいらしいが、彼はのちにモスク建立計画を揺るがす反乱を起こしてしまうことになる。

フィカルの壮大な計画と、日本社会への不信

古びた港町のアパートの1室で、フィカルさんはペルー人の若い男にバリカンで髪型を整え

てもらった。船の溶接工として働くその男は、家族を支えるために日本に移り住んだ。母国では美容師だったので、おしゃべりついでに移民たちの髪を整えている。その腕は確かで、ソフトモヒカンの流行のスタイルに仕上がった。

「フィカル、男前になったな」。ペルー人の男が褒めちぎる。


2020年の6月。コロナウイルスの影響で、NY株暴落が伝えられ、世界恐慌突入まったなしと喧伝される中、フィカルさんは壮大な計画を立てていた。3100万円まで値下げに漕ぎつけた物件を、どうにかして購入するというのだ。「1年間の仮押さえ」を不動産界のドン、近藤社長にお願いできないかと相談するのだという。

だが、KMIKの通帳にはこの時、500万円しか貯まっていなかった。昨年の5月ごろは300万円だったが、寄合などで寄付を集めコツコツ貯めていたのとフィカルさんのお母さんが「子供たちが困ったときのために」と、貯めていた貯金の一部を寄付してくれたようだ。のんびりしている間に物件に買い手がつくかもしれない焦りからの決断だったが、1年間で2600万円の寄付を集めなければならない。

失敗すれば仮押さえの際に預ける310万円は、物件の持ち主のものになる。あまりに、リスキーな賭けだ。

石野さんは「うーん、まあ近藤社長に相談してみる。ちょっと時間もらうけど、待ってて」と、交渉の了承をしてくれたが、それから2週間、連絡がこなかった。

フィカルさんは返事がないことに苛立っていた。周囲のインドネシア人や、他国籍のムスリムの一部から「どうなってるん？　お金預けたのに。早く進めてくれ」と言われていたのだ。この時期の彼はつらそうだったが「みんなのため。モスクのため」と、我慢を重ねていた。

だが、その焦りが勘違いをよび、事件が起きてしまった。ある日「私、騙されてるかもしれません！」と、フィカルさんから怒りの電話があった。不動産の売買にかかる手数料を、石野さんと近藤社長に150万円ずつ支払わなければならないと言われたというのだ。これが本当なら、法律違反だ。不動産売買では、通常一社にだけ、法律で定められた手数料を支払うと決められている。これはおかしいと、石野さんに電話した。しかし「いや、そんなこと言ってないですよ。1社分の手数料で問題ありませんよ」ときょとんとしている。何かの手違いで間違って解釈したようだ。それをフィカルさんに伝えると「ええ！　ほんまですか？　勘違いしてしまった。すみません」と謝った。

フィカルさんは本業が休みの日にさまざまなバイトをしているが、給料の未払いや、事前の約束とは報酬額が違ったという経験を何度もしている。その内容を詳しく聞けば、日本人相手であれば絶対にないようなことだらけだ。外国人として、辛酸を嘗めてきた経験の蓄積が、ここにきて露わになっていた。以前聞いた「私と歩いて恥ずかしくないですか？」という言葉の重み。インドネシア人であり、イスラム教徒であるフィカルさんは、日本では重層的にマイノリティーだ。仕事をし、日本人と結婚し、子供を育てている彼は、リアルな日本社会に接続している。至る所で自分が弱い立場であることを強く感じているだろう。その蓄積の末に陥る疑心暗鬼は、私も外国で住んでいた時に経験した。

しばらくして石野さんから、やっと話がついたという連絡が来た。だがその条件は、残酷なものに聞こえた。

「仮押さえができる期間は9ヶ月です――」

1年でも難しいのに、さらに期間が縮まってしまった。

「あと9ヶ月。待てる期間はそれいっぱい。それ以上は難しいみたいだから、どうするか考えてみて」という石野さんの返事を受け、私はフィカルさんにこう言った。

「絶対無理だから、やめたほうがいい」

彼ももう15年間日本で暮らしているから、コロナ以降の社会の状況を把握しているはずだ。てっきり私のアドバイスを受け入れると思っていたが、フィカルという男は、こんなことであきらめるほど常識的な男ではなかった。

一度ついた火を消さない――白熱するZoom会議

早速、翌日にKMIKの中心メンバーとZoomでの会議を開くということで、私はアルムさんやアディさんが、彼を冷静にたしなめてくれるだろうと安心していた。何しろこの挑戦は、平常時でも無謀だ。２６００万円を9で割ると、1ヶ月で約２９０万円は貯めなければならない計算になる。これまで５００万円を集めるために、６ヶ月も要しているのに、なぜできると思うのか、謎である。

フィカルさんは自室の応接間からスマホで会議に参加した。その日も、セニンさんは不参加だった。フィカルさんは物件仮押さえの決意をメンバーに伝えたが、不安の声でざわつき、寄付の集め方に関する質問が集中した。フィカルさんのプランはこうだ。まずはこれまで通り、足を使った寄付のお願い。そしてインドネシアのクラウドファンディングの活用。日本のものと似たシステムだが、宗教に関するプロジェクトも敬遠されない。他にも方法を考えていくが、最悪の場合、フィカルさんの名義で銀行から資金を借りることも考えているのだという。イスラム教では金利が発生する金銭の貸し借りは禁止されているが、やむをえない事情がある場合は許される。

その覚悟に感銘を受けたメンバーたちだったが、アルムさんの発言で場の空気が張り詰めた。彼女はこの決断に懐疑的だった。

「正直に言うと、難しい気がします。景気がどんどん悪くなるのは目に見えています。国内のインドネシア人のほとんどは、技能実習生じゃないですか。これから職を失っていく可能性がありますす。寄付どころではなくなるんじゃないですか？」

まっとうな意見。信頼の厚い女性の冷静な一言に、沈黙が流れた。フィカルさんも彼女の一言には弱い。雲行きがあやしくなったのがわかった。メンバーはざわつく。それに賛同したのは、アディさん、ムーキーくんのエリートたちだった。

「9ヶ月っていう制限があると、絶対難しい。まずは小さな家を借りて、そこをモスクにして、ゆっくり寄付を集めればいいんじゃないですか？」

しかしその意見も、私には効率的ではないと感じた。彼らは、日本の外国人に対する不動産事情を理解していない。

しばらくの沈黙。だが、エリサの一言でまた空気が変わった。

「でもせっかく、ここまでやったんですよ。フィカル兄さん、めちゃくちゃ頑張っています。物件を見つけて、不動産屋さんと交渉して。ここであきらめたら、せっかく燃えていた火が消える。もう立ち上がれなくなる。お兄さんのために、頑張りましょう。」

普段はおとなしい彼女の、情熱的な訴えに時が止まる。インドネシアでは、尊敬している年上を兄さんや姉さんと呼ぶ習慣がある。もともと「だれかのために」とか「絆」という言葉に弱い彼らだが、フィカルさんのためとなると、すぐに感情が高ぶるようだ。

「それに、グループMが助けてくれるんですよね？」

グループMとは関東エリアにある古参のインドネシア人ムスリムコミュニティーだ（本名を明かすことを避けるため、仮名）。グループの中心メンバーは、大学教授や会社社長のエリート集団で、インドネシア政府の要人たちとつながりもあるらしい。現在もKMIKのモスク建立計画のZoom会議にグループMのリーダーや副リーダーも時折出席し、助言をくれている。国内外のインドネシア人に影響力のある彼らが本気で動けば、2600万円は奇跡的に集まるかもしれない。

「そうですね。どうしても無理ならば、グループMが助けてくれるはず」とだれかが言うと、次々と賛成の声が聞こえてきた。

「兄さんのために頑張りましょう!」

フィカルさんの目はうるんでいた。この情緒的なやりとりに、私は根拠のない希望へと集団心理で突き進んでいくような危うさを感じた。それにだ。そもそも、驚くべきことに、フィカルさん以外は物件を直接見たことがないのである。それなのに、よく一致団結できるものだ。

フィカルさんは、他のKMIKのメンバーたちにも同意を得るために久しぶりに公民館で寄合を開き、お祈りしたあとにみんなでその物件を見に行くことにした。

アルムたち反対派は「兄さんがやるなら、応援したい。けど、物件を見てみないと何とも言えません」と消極的な態度だった。

いずれにせよ、これは香川県だけではなく、全国のインドネシア人を巻き込み、総動員で挑まなければいけない大プロジェクトだ。まずは、足場を固めなければいけない。

勝負の日、フィカルの情熱は届くのか？

勝負の日は曇天だった。この日から、映像カメラマンの井上が参加することになった。映像でもフィカルさんたちの活動を残しておきたいと相談すると、密着してくれることになったのだった。

寄合は午前9時に開始だったが、フィカルさんは8時に公民館入りするとのこと。公民館の門の前では、日本人のおばさんが長机で受付をしていた。紙に電話番号や住所を書き込む。これがニューノーマルか。ホワイトボードにKMIK様「3階B室」と書かれていたので、その部屋へ向かうと、ちょうどフィカルさんが10m四方のブルーシートを広げているところだった。ジュースや水なども買い込み、テーブルの上に並べられている。

「これ、全部自分でやってるの？」

「そうね。リーダーは大変ね」

私は井上をフィカルさんに紹介した。例の調子で「私フィカルです。よろしくお願いします」と、深くお辞儀をした。井上もバリバリの体育会系出身で現在もキックボクサーである。非常に礼儀正しいので、2人はすぐに打ち解けたようだ。彼は誠実で優しい性格で俳優もできそうなイケメンだが、ドライブ中におぼれている人と遭遇したとき用にライフジャケットを車に常に積んでいたり、心配性で過剰な男として知られている。そういった話をフィカルさんにすると、大笑いして「おもしろい人ね」といった。

今日は運命の日。緊張しているか?と聞く。

「もう慣れたよ。1年前まではみんなの前で喋るだけで、マイクを持つ手が震えていたけど、いまは大丈夫よ」

黙々と準備をするが9時になってもまだ人はまばら。相変わらずのんびりしている。10時ごろにやっとぞろぞろと人が集まり始め、最終的に50人ほどに。各自が1、2メートルの距離を開けて座り、みんなマスクをしている。

10時半を過ぎたころ、ついにフィカルさんが群衆の前に正座し、マイクを握って熱弁をふるいはじめた。声の張り方、所作、喋るテンポ、すべてが威風堂々としている。何を言っているかわからないが、情熱的な語りのおかげか、議論は前向きに進んでいるようだ。次々と質問が飛び交うが、フィカルさんは落ち着いた様子で答えていく。

話が一段落したころ、入り口から存在感のあるパキスタン人が登場した。その背後のひょろっとした若者がカレーの弁当を大量に持っている。「あ、社長、来てくれたね。ちょっとみんなの前でしゃべってよ」とフィカルさん。何の社長かはわからないが、立派なひげをはやし、恰幅がよい。彼は突然の依頼にもまったく動揺せず、のしのしとゆっくり歩き、群衆の前に立った。両手を広げ、「だいじょうぶね、私300万円すぐ集められるね」と日本語で勇ましい演説をぶったのである。

私は疑ってしまったが、フィカルさんは、嘘のない世界で生きているので信じていた。その様子を見て、私はさらに不安になっていた。ちなみにその社長というのはインド料理屋の社長で、フィカルさんが注文したカレーを運んでくれたようだ。腹ごしらえをし、お祈りを済ませ、私たちはいざ物件へと向かった。

ここでいいのか？　世俗の残り香が漂う物件

私は井上の愛車に乗り込み、物件の住所に向かった。後部座席が空いていたので、2人のインドネシア人の若者を乗せた。フィカルさんの計画をどう思うか？と聞くと「なんとかなるんじゃないですか」とお気楽モードだ。さすがインドネシア人のゆるさは素晴らしいと感じたが、昨年の冬ごろに日本に来たばかりで、状況をよくわかっていないようだった。

私たちが到着すると、30人ほどがすでに集まっていた。女の子たちはセルフィーにはげみ、男の集団は静かな声で談笑している。フィカルさんは徒歩の人を車で送迎しているようで、また公民館へ戻っていった。本当によく働く男なのである。実は私もその物件を直接見たことはなかった。2車線の国道に面した2階建ての建物。長方形の横幅は20メートルほどだろうか。

1階は巨大なシャッターが3つ並び、2階は事務所のようで窓が連なっている。

若いインドネシア人男性が、建物をぼーっと見ていたので話しかけると「3000万か…高いね…」とつぶやいた。口では「やりましょう！」と言っていた賛同者たちも、感情の揺らぎがあるのだろう。彼は介護士で、日本での居住歴も長いという。この数字の重さをちゃんと理解しているようだ。

しばらくしてフィカルさんも再び到着した。全員がそろったところで、集団から離れた建物の陰から石野さんがにょきっと現れた。なぜ、そんな離れたところから見ているのか。あとから聞くとコロナの感染が怖かったようだ。インドネシア人が、どういった衛生観念をもっているのかわからないのが、不安を助長したのだ。

「いやー、相変わらずすごい人数やなあ。すごい熱気や」と言いながら、石野さんが玄関に近づきカギを開けると「わあ広い！」と歓声が上がった。1階は車の展示室だっただけあり、だだっぴろくお祈りや寄合に適している。内装はほとんど手を加えなくても、人を呼べる程度にはきれいだ。80坪はあるだろう。2階の広い部屋は事務所然としているが、小部屋やトイレや給湯室もある。これなら3100万円でも、法外に高値というわけではない。

少し重たかった空気が、開放的になったのがわかった。言葉はわからないが表情や声色から伝わってくる。みんな子供のように目を輝かせているのでわかりやすい。写真や動画を撮りまくり、その場でSNSなどにあげているようだ。インドネシア人たちは、日本人とは比にならないほどSNSを頻繁に利用する。プトラくんは私と目が合い「兄さんを信じてよかったです」とつぶやいた。感無量の様相で、また頼れる兄貴への尊敬を深めたようだ。近くにいた若者たちも、彼の声に賛同する。「さすが兄さん！」「兄さん、やっぱ最高！」「ありがとう兄さん！」と、すごい一体感だ。この世の春のような、もう購入が決定したかのようなめでたい雰囲気に包まれた。まだ目標とする物件が見つかっただけなのだが。

とはいえ、この1年間のフィカルさんたちの物件探しの奮闘を知っている私は、彼らの喜びが胸にしみた。フィカルさんも安心したのか充足感を隠せていない。私は意地悪だと思いながらも、フィカルさんの横にいたアルムさんに「3100万円ってすごい金額だよ。不安はないの？」と聞いた。

「はい。難しいかもしれませんが、決心がつきました。自信があります。ムスリムは世界中にいますから。頑張っていたら、絶対にだれかが助けてくれます。私たちは、みんな家族です。」

彼女のまっすぐな言葉に圧倒された。彼らの他人への信頼感はなんなのだろう。会ったこともないだれかが、助けてくれることを心の底から信じている。このパンデミックにおいてもそのスタンスは変わらないようだった。彼女の瞳の奥には、私の知らない世界が広がっていて、また違った価値観やルール、常識があるのだ。私は自分の常識の物差しで彼らの行動を、理解しようとしている。もう、反対することはやめよう。ただ彼らの姿を無心で追ってみよう。そう思った。

しかし、だ。ここが神へ祈りをささげる場になるとは、想像がつかない。世俗的すぎるのだ。中古車屋の面影が残っているし、神々しさは皆無。かつて、ここで社員が電卓を打ち、車を安く仕入れる交渉や商談をしていた姿が容易に想像できる。日本人的な感覚で言えば、香ばしい世俗のにおいが漂っていて、神の世界と相性が悪い。ほんとうにここでいいのだろうか？と私は首をひねった。

日本人は信じないかもやけど、天国はあるんや

物件下見を終えて一安心したフィカルさんと井上と私は、海辺へ行くことにした。工場地帯の奥にある防波堤に座り、海を眺めた。ちょうど太陽が沈むころだった。穏やかに揺らぐ瀬戸内海は、徐々にピンク色へ染まっていく。

「子供のころ、よく海で遊んだから懐かしいんや。この先にインドネシアがあるのかな、とか想像するんです。」

この先にあるのは岡山県だと知っているが、海は故郷へつながっていると錯覚を起こす。フィカルさんは疲れているようだった。昨夜、就寝後に何度も目が覚めたのだという。彼も今日が分水嶺だと、強く感じていたようだ。

「さあ仮契約するよ。手付金を払って、家賃を払えば物件を使わせてくれるらしいんや。7月31日にイスラムの祭日（犠牲祭）があるからその日までに仮契約したい。たくさん人が来るからお金も集めやすいから。9ヶ月、確かに大変やけど、死ぬ気で頑張るよ。」

私は何度したかわからない質問をした。

「なんでそんなにモスクが必要なの？」

「アッラーのためね。それにみんなのため。インドネシア人たちがさみしくならないため。みんなで助け合うため。」

「でもね、もうひとつ大切な理由は」とフィカルさんは間をおいた後、言った。

「天国に行くためね。いいことしたら、天国いけるやん。」

フィカルさんは続ける。「日本人は信じてないけど、天国はあるね。目に見えているものがすべてじゃないんや。ほんまやで」と遠い、海の向こうを見つめた。

いずれにしても、これで前に進むことができる。やっとだ。もうこうなれば、進むしかない。

第10話　突然翻されたパートナーの反旗

眠れない日々――セニンさんとの戦い

私には一つ引っかかっていることがあった。セニンさんのことだ。２０１９年にはＫＭＩＫの寄合やフードコートの集金などで何度も会っていたし、ファミレスの駐車場でお祈りをするほど信心深い男だ。不動産との交渉や内見にも同行し、パートナーのように行動を共にしていたのに。固い結束力を持つグループだからこそ、セニンさんが現れなくなった事態は重いものに感じていた。

そしてある日、私の心配は現実のものになる。セニンさんが、モスク建立計画を妨害しようとしていることが発覚したのである。フィカルさんにはリーダーとしての資質がないし、無謀なことをしていると、噂を立てているというのだ。それに対し、ＫＭＩＫの中心メンバーたちは、怒りを覚えていた。会議に出席もしていないのに、なぜそんなことを言い出すのか。この状況を沈静化するために、フィカルさんはセニンさんにすぐに電話をかけ、こう伝えた。

「私はセニンさんの悪口を言ったことはないよ。意見が違うのは普通でしょ。陰で言うんじゃなくて、会議に参加して言ってください。」

すると彼は、「ごめん。いらんことして怒らせた。謝りたい」と言うので、フィカルさんは次の日、仕事が終わった後に彼に会いにいき、一緒にカレーを食べた。

「会って冗談を言い合って笑うこと。そしたらお互い納得するし、笑い話になる。セニンさんもやる気になってくれたみたい。次からまた会議に参加するから、仲間に入れてもらえませんか？と言ってきたね」。

ＫＭＩＫ内でフィカルさんへの信頼ばかりが高まり、自らの存在感が薄まっていたことが、彼のプライドを傷つけていたようだ。

「セニンさんかわいそうね。他のメンバーはみんな怒ってるから、何とか守らないかん。でも一つ条件を出した。みんなやる気満々やから、根拠がないネガティブなことは言わないでねって。」

すると彼は納得し、がっちり握手を交わした。私はその話を聞き、なんだかんだ仲が良いことに安心した。

しかし、これで話は終わらなかった。

「最悪や。昨日の晩に、ショックすぎて熱が出たね」と翌々日にフィカルさんから電話があった。突然、ＫＭＩＫのラインのグループチャットにセニンさんが「フィカルさんを止めてください。私の学者の友人たちも、みんなそう言っています。絶対にそんな金額は無理。第一、どうやって集める気なんですか。やめたほうがいい」と投稿し、計画を止めるようにＫＭＩＫのメンバーに直電を開始。最悪なことに、グループＭのセニンさんの友人にも連絡し、計画をやめさせてほしいと伝えたらしい。セニンさんは、２６００万円がこんな状況では集まるわけがないので、まず小さな住宅を借り、そこを拠点に資金を貯めるほうがいいと主張している。すぐさま、グループチャットにメンバーからフィカルさんへの質問が大量に送られてきた。

「セニンさんはああ言っているけど、大丈夫なんですか？」

３１００万円への不安と重圧が再燃し、不穏な空気が流れたが、フィカルさんが夜通し質問すべてに返答したことで、メンバーは落ち着きを取り戻した。一段落はついたが、グループラインのチャット上でセニンさんとフィカルさんの言い争いが始まり、徐々に罵り合いに発展した。それを治めたのはエリサさんだった。フィカルさんに電話をし「お兄さん、そんなことしたらお兄さんの格が落ちる。私たちは信じてるから」と涙ながらに伝えたのだ。

これでフィカルさんは平静を取り戻し「リーダーたるもの、怒ってはだめだ」と、自分に言い聞かせた。だが、最悪の事態に陥った。グループＭがこのプロジェクトから距離を置くことになったのだ。彼らの主張はこうだった。

「ＫＭＩＫは内部の関係が良くないんじゃないか。こんなに問題が起こるなら、モスク計画は厳しいし、手伝えない」。

フィカルさんはその言い分に納得し、応援してくれたことへの感謝と、これからも仲良くしていきたいことを伝えた。これまで親身に助言をしてくれただけでもありがたいことだ。

しかしグループMの離脱は、メンバーたちにショックを与えた。最も拠り所としていた存在に頼れなくなってしまったことで、一度固まった決心が揺らいだのだ。これで、技能実習生や学生が大半を占めるKMIKのメンバーの力で、2600万円を集めなければいけなくなった。

この件はメンバーの精神状態に影を落とし、なかなか動揺が収まらなかった。アディさんもセニンさんから侮辱的なことを言われたようだ。そのことで、深く傷ついているようだったが、彼はイスラム教の教えを、自分なりにアレンジしてメンバーに伝えた。「善い行いとは、魂が安心を感じ心が安らぐものです。罪は心に沁みつき、胸を不安にさせるものです。私たちは善い行いをしましょう」と。この言葉がみんなの気持ちを落ち着かせ、再度Zoomで、これからどうするかについて話し合うことにした。

会議でさまざまな意見が飛び交う中、フィカルさんは、ここまで揉めてしまうのであれば、9ヶ月の挑戦はやめたほうがいいのかもしれないと感じていた。大きな影響力がある団体や人に頼ろうとすると、コミュニティーの内部でさまざまな問題が起きることがある。嫉妬や、慢心、そういった感情がだれかに生まれ、団結を壊してしまうのは日本社会でもよくあることだ。9ヶ月の制限があれば焦りが生じ、またまただれかに頼ろうとして、同じような揉め事が起きるかもしれない。そうなればこのプロジェクトは間違いなく空中分解するだろう。自分たちは資金も力も乏しく、弱いコミュニティーだと自覚がある彼らにとって、武器は団結心だけなのだ。

結局、仮契約はあきらめるということになった。最善の策だったと思う。9ヶ月で2600万円を、大きな組織の助けなしに、集められるわけがない。フィカルさんもさすがに納得したようだが、あの物件の購入をあきらめるわけではない。「私たちは大きなバスを買おうとしているんです。みんなで乗って、よい場所に行くために」とフィカルさんはメンバーに伝え、何年かかるかはわからないが、一丸になって寄付を集める意志が固まった。もしその間に借り手がついたら、あきらめるしかない。石野さんにもその決定を伝えると「まあしょうがないですね。先方には謝っておきます。それより、あきらめたらいかんよ。どんなかたちでもモスクをつくらないとだめよ」と、温かい激励をまたいただいたようだ。

フィカルの信念「仲よくするためのモスクなんや」

さて、次の問題はセニンさんの処遇だ。彼の裏工作によって、唯一の希望だった大切な後ろ盾からの信頼を失わせ、距離を置かれた。この罪は相当重い。計画の続行さえ危ぶまれる状態を誘発したのだ。メンバーからはセニンさんを中心メンバーから外すべきじゃないのかという主張が相次いだ。また何か問題を起こす可能性は高い。しかしフィカルさんは、過去ではなく未来を見ていた。

「私もめっちゃ腹立ってたよ。センさんに言われたことを思い出して、悔しくて仕事中に涙がでてきたしな。でもな、みんなで協力しないと意味がないね。センさんを仲間から外すなんて、そんなことできん。それに、私たちが揉めてるのを他の人たちが知ったら、モスクができても来たくなくなるでしょ？　みんなで仲良く暮らすために、モスクがほしいんや」

とはいえ、仲間内の不和をどうにかしなければいけない。中心メンバーたちもこの件で疲弊したようで、少しやる気を失っている人もいる。それに、センさんへの不信は断ち切れていない。このままでは空中分解が起こる可能性がある。何か策を打たなければならないのは明白だった。そこでフィカルさんが考え出した解決方法は、バーベキュー大会だった。

「だれかと喧嘩しても、ご飯を一緒に食べたら仲直りできるんや」というフィカル家に伝わる教えに沿って行動したのだ。そして、バーベキューでともに笑い合ったあと、資金集めの会議をひらき、センさんにもそのまま参加してもらうという計画を立てた。そうすれば、彼も自然に仲間に戻れるだろう。

フィカルさんはインターネットでハラルの鶏肉を大量に購入した。そして奥さんや娘たちと協力して、インドネシアの焼き鳥であるサティを１００本作った。鶏肉を細かく切り、味つけをして串にさすという、手間のかかる作業だ。信じられないくらい人のために働く人だ。すでに串にささった鶏肉も売っているのだから、それを買えば早いじゃないかと、この時は思っていたが、実はこの行動にも深いわけがあったと後にわかった。

その大量の焼き鳥の写真とともに「これたべたいでしょう。あそびにきてくださいね」と私にもメールが来た。

開催場所は、香川県の東部だった。パチンコ屋の角を曲がり、あぜみちを歩くと、田園風景の中に6部屋くらいの小さなアパートがぽつんとある。その1室はアディさんの部屋で、他の部屋にも留学生が住んでいる。駐車場にはバーベキューの台が2つ組まれ、ブルーシートの上に皿やコップが置かれていた。ちょうどお祈りの時間だった。40人ほどの男女が夕日をバックに祈る彼らの立ち姿は、神々しかった。カエルの声が聞こえてくる。風で稲が揺れる。遠くから暴走族のパラリラーという騒音が場を支配したが、それでも彼らの集中は切れなかった。

お祈りが終了すると、フィカルさんが私に気づいた。アルムさんの手招きに導かれ、ブルーシートの一角に座ると、肉、野菜などを皿にのせて持ってきてくれた。

「このタレがいいですか?」「飲み物は?」と、非常に良いテンポでアルムさんがサービスしてくれる。至れり尽くせりとはこのことだ。フィカルさんがせっせと焼き鳥を焼く横で、センさんも、汗をかきながら働いている。周囲の人たちとも、いつもどおり冗談を言い合っている。本当に彼らの中に不和が起きているのだろうか?不思議な光景だ。

食事が終わり、片づけをした後、用事がある人は帰った。残った15人くらいが輪になってすわった。子供たちが追いかけっこをして遊んでいるいつものゆるい雰囲気の中、フィカルさんが「センニさんこっちだよ」と隣に座らせたところで、会議が始まった。

だれも置き去りにしない、イスラムの知恵

日が沈む駐車場。街灯が照らす中、いつも通り、手を挙げて発言するスタイルで会議は進行する。議題は「どうやってお金を集めるか。そしてセニンさんはこれからどうしたいか、意見を聞く」だった。セニンさんはうつむき加減で、無言で座っている。穏やかな調子で進んでいたが、ある女性が挙手をし、熱っぽく語り始めてから空気が変わった。セニンさんの奥さんだ。彼女も母国では大学の教授だったようで、プライドは高そうだ。セニンさんは奥さんの意見とフィカルさんの意見の狭間で苦しんでいたのではないだろうか。これを境に次々と発言が続き、ヒートアップしてきた。「高松」「不動産」「社団法人」……。時々、日本語が聞こえてくる。かなり緊迫してきたようだ。みんなの口調が激しくなりつつある。

すると、セプティさんの頬に涙が伝った。感極まったのか、泣きながら身振り手振りで何かを伝えている。隣にいたエリサさんが彼女を抱きしめるが、エリサさんも泣いていた。この涙はなにを意味するのだろうか。アルムさんも半泣きで通帳をカバンから出して、みんなに見せ、なにやら訴えている。他の人たちも重い口を開き、センニさんへ言葉をかけている。どういう意味なのだろう？　3100万円なんて絶対に無理だということなのだろうか？　センニさん

を批判しているのだろうか？　なぜか上半身裸で浮き輪をつけた男の子が、輪の中心をペタペタと歩いているのがシュールだが、それさえも笑えないほど緊迫感があった。

しばらくすると、沈黙が訪れた。カエルの鳴き声が場を支配する。そんな重い沈黙をやぶったのは、フィカルさんが突然叫んだ日本語だった。

「センさん、みんなで一緒に頑張るね！」

そして力強く手を取り、握手を交わした。その様子に他のメンバーたちも感極まり目を潤ませている。センさんの奥さんも、泣いている。

これはすべてを水に流すことを意味していた。彼らは仲直りし、ともに活動することに決めたのだ。普通ならここでセンさんは仲間から外されるだろう。危険因子を排除することは、グループの団結を促すために必要な時もある。しかし、フィカルさんたちはそうはせず彼に居場所を残した。そこに戻るかどうかは、彼次第だ。

フィカルさんたちが見せた、ゆるしの実践は見事なものだった。もし私がフィカルさんの立場ならば、ここまで裏切られれば関係修復の努力をしなかっただろう。全体の調和を考えたという理由で、当然のように、センさんと距離を置いていたはずだ。だが彼は裏切られた友人を守ろうとし、ゆるすことで、関係を修復しようとした。その結果、空中分解するどころかグループの結束はさらに強くなったのが、目に見えて分かった。

ムハンマドは「盗人に対するあなたの喜捨で、その者は盗みをやめるかもしれません」と話したと伝承されている。喜捨とは、お金のことだけではないのだろう。人のために自分の時間と労力をかけ、そしてゆるすこと。その連続性の上で、彼らの人間関係は成り立っているのだ。

先に触れたようにイスラム教は部族社会で争いが絶えなかったアラブ地域で、神のもとの平和を目指すために生まれた宗教だ。私は、彼らが信仰と呼ぶものが、緻密に計算されたコミュニティーの設計図なのだと、この時確信した。祈りの場では、同じ言葉を唱え、同じ動きをし、同じ存在に祈りをささげる。金曜日はモスクで地域の人たちと、平日は家族で祈りを共有する。こうして宇宙的な一体感を、彼らは日々感じる。1年に一度の断食や、日常的に行われる喜捨も、絆を深め善意の循環を活性化する行為だということは、前で触れた。そういった設計図の機能性を高めるのがモスクなのである。そこで子供たちは大人たちの実践を見て、そしてコーランを読んで、普遍の本質を深層心理に染みこませていく。長い時間をかけて、個と集団の境界を薄めていくのだ。

互助関係やコミュニティーというのは、時間と労力の犠牲の上に成り立つものなのだと、彼らを見ていると痛感する。フィカルさんが串付きの焼き鳥を購入するのではなく、わざわざ家族で仕込み、それを写真に送ってきたことも（多分、他のメンバーにも送っている）、みんなで用意しなければいけないバーベキューを話し合いの前にしたことも、連帯を高めるためのものだったのだろう。すべてが効率化し、無味無臭になっていく社会にとって、その非効率性が私には光に見えた。

その様子をじっと観察していた私にアルムさんがこういった。

「イスラム教では、だれかが悪いことをしても、よい行動を見せて、過ちに気づいてもらうようにします。それが無理なら、言葉を使い、それでも無理なら祈ります。互いに謝ってゆるし合ったら、私たちは生まれ変われます。悪いことをしても、もう絶対しないと決めて、その倍いいことをしたらいいんです」

私は彼らの実践に感銘を受け、後日、ちょっとした、ボタンの掛け違いから仲たがいしていた友人に連絡をとった。久しぶりに酒も飲みかわし、私が見たムスリムたちの許しあいの現場で見て感じたことも伝えた。私が持っていた彼へのわだかまりを正直に伝えると、彼も同じように語ってくれた。たった数時間だったし、そこですべてが解決したわけではない。しかし私たちは時間をかけて、もう一度関係を築くことを目指すことにした。

第11話　多様性の意義　ムスリムの世界観に救われる

現実逃避のための取材

　私と井上は、フィカルさんの家に取材と称し週に2度は訪れ、彼の奥さんが作ってくれた冷麺やラーメンを食べ、その後応接間でゴロゴロしながら世間話をするようになった。彼や彼の仲間と会っていると、不安が薄れて気持ちが落ち着くのだ。私と井上は不安でしょうがなかった。将来のことも、コロナウイルスのことも。私の仕事は人と会い、話を聞くことで成立する。だが、それが今はできない。時間がある分、私はネガティブなことばかり考えるようになってしまっていた。それは井上も同じだった。

　フィカル家での会話のほとんどは、たわいもないものだった。

「井上さん、演歌好きじゃないですか？」

「いや、あんまり聞かないですねえ」

「えー！　めちゃくちゃ演歌いいじゃないですか。日本人は、あんまり聞かないんですか？おばさんの歌手とか、すごいよ。ハーアアーって言うて、信じられん声を出すし、心が落ち着かないですか？」

フィカルさんは骨伝導のイヤホンを、最近購入したのだという。

「仕事の前、これでコーランのアラビア語を聞いた後、演歌を聞くんですよ。長渕とかも。何を言っているかは、よくわからんけど、目を瞑っていたら、情景が浮かぶんです。」

骨伝導イヤホン、アラビア語、演歌、長渕か。とんでもない組み合わせだ。井上は、横で笑いをこらえている。

「あと、松山千春も聞きますね。めちゃくちゃいい声ですね。」

だが、フィカルさんは松山千春がどんな風貌なのか知らないようだ。働いていた鶏肉屋で、パートのおばさんに教えてもらったらしい。スマホで検索し松山千春を見せてあげると「え⁉こんなごつい人なんですか。若いのかと思ってた」と、絶句した。

またある日、彼は奇跡の体験を語ってくれた。

「私なあ、祈りにはもっといろんな意味があるんやと思うよ。あの動きも、私たちが気づいていないだけで、なんかあるはずなんや。そういえば、こんなこともあったね」

フィカルさんは、腰のヘルニアを患っている。結婚してしばらくすると、突如ヘルニアが悪化し、歩くことさえままならなくなった。杖を突きながらX市の病院へ行くと「こりゃあ、いかんわ。私のとこでは手術できんから、東京に行きなさい」と、技術の高い病院を紹介してくれた。杖を突きながら東京へ。いざ入院し、手術したが、医学の力では腰のヘルニアは改善しなかった。フィカルさんはインドネシアの実家に一度戻り、暖かい場所でのんびり過ごすことにした。

だが、マッサージに毎日通っても、効果は出ない。フィカルさんは子供と奥さんとの生活への不安から絶望していた。気を紛らわそうと杖を突きながら、よろよろと街を歩いていると、路上でパン屋のおっさんが声をかけてきた。

「きみ、腰のヘルニアやろ?」

「そうです。手術しても、マッサージしても効かないんです」とフィカルさん。

「あほ。そんなの、効くわけがないやろう。わしが、絶対に治る方法を教えてやる。」

フィカルさんは「あやしいおっさんやな」と身構えた。

「あのな、わしもヘルニアやったんや。手術してもなおらんかったわ。わしが直した方法はな、お祈りや。お祈りするとき、立ったり座ったりするとき、足裏や腰回りをしっかりのばすことを意識して、ゆっくりやりなさい。みんな気づいてないけどな、あの動きには、人間を助けるいろんな知恵がつまっとんじゃ」と言い残して去っていったのだそうだ。

さすがのフィカルさんも半信半疑だったが、藁にも縋る思いでやってみた。当時、腰が痛くて寝ころんだままお祈りをしていたのだそう。そういえば足の伸びを意識してやったことがなかったな、と思い痛みに耐えながらも、ゆっくり時間をかけて5日間続けた。すると、6日目に奇跡が起きた。ヘルニアの痛みをまったく感じなくなったのである。

「お祈りには、いろんな意味があるんやなあ。やっぱすごいなあ」とますます、お祈りが好きになったフィカルさんは再来日し、溶接工としてバリバリ働き始めたのだという。日本昔話みたいな話だ。

「お祈りの力はすごいんや。最近なあ、お祈りの最後に、2人とその家族が健康に過ごせるようにって神様にお願いしてるんや。だから、2人とも大丈夫や」とフィカルさんは、やわらかなまなざしを私たちに向けた。

これほど、祈りの効果を信じている人の言葉だからこそ宿る説得力に、私と井上は包まれた。

フィカルさんが家族に戒律を守ってほしいわけ

日本に住むイスラム教徒の多くは、日本人を配偶者に持ち、子供が日本で育っても、戒律を守ってもらえるよう努力する。しかし、そのかたくなな姿勢が、押し付けのようにも見えることもあった。（ちなみにフィカルさんが私に信仰を押し付けたことは、一度もない）。

フィカルさんの奥さんは今でこそ酒や豚肉の摂取を止め、毎日の礼拝も欠かさない日々を苦労なく送っているが、結婚当初は苦労したという。

奥さんは当初は戒律を守り、日々祈りをささげることに納得できなかった。「神様がいる」と思えなかったのだ。フィカルさんは、自分の行動でイスラム教のことを教えた。ムスリムは女遊びをしないこと。妻と子供を、とても大切にすること。人の悪口を言わず、きずなを大切にすること。それを実践した。6年くらいかかったが、今は奥さんが先に、お祈りの部屋にいるくらい、お祈りが好きになったし、戒律も守るようになった。それに、規律や価値観を共有することで、夫婦仲はうまくいっている。

だが、子供たちはどうだろう。日本人と同じように学校へ通い、やがて日本の企業に就職する。個人的には、戒律をどこまで守るかの選択の自由は与えてあげるべきだと思う。特に現在の日本社会でヒジャブをかぶり生きていくということは、相当な覚悟が必要だ。娘たちは、中学校に進学したらヒジャブをかぶるようになる。X市の同じ地域に、ヒジャブをかぶっている女の子は少ないだろう。

「イスラム教は、神と個人の関係性が重要視されるんでしょ？　だとすれば、家族が必ずしも戒律を守る必要はないのではないか？」と、フィカルさんに聞いてみた。

「そうです。でもそれじゃあ家族がうまくいかないよ。それで離婚した夫婦をたくさん知ってる。私も奥さんが守ってくれなければ、別れるつもりだったよ。」

想像以上に強い言葉が返ってきて、私は拒絶反応を起こした。

「インドネシアでならまだしも、ここは日本でしょう。せめて子供たちは自由にさせてあげるべきじゃない？」

「うーん。でもな、戒律を守ってたらいい人間になるよ。嘘もつかないし、人にやさしくできるようになる。それが一番大切ね。それと天国にいくためよ。」

そんなに天国に行きたいのか。と言いかけた時、彼はその理由を説明してくれた。

「あのな、人間が生きる期間は、せいぜい80年くらいやろ？　すごく短い。でも家族みんなが来世に天国にいけたら、永遠に一緒に暮らせる。子供たちが大人になったら戒律を守ってほしい理由はな、家族みんなとまた同じ場所で幸せに過ごすため。私が戒律を守ってほしい理由は、守ってくれないかもしれないのは、わかっとるよ。でも天国に行けば、私のお父さんやお母さんもいる。お父さんに、孫を見せたいんや。日本人は、笑うかもしれんけどな。」

賛否はあるだろうが、私はこの理由を一つの考えとして納得ができたし、少しうらやましくも思った。私は天国の存在は信じていない。だが存在しないとももちろん言えない。家族にも戒律を守ってほしいと願う理由には多面性があり、ただ親のエゴで信仰を押しつけているわけではないのだ。その背後には彼らがたどってきた歴史がある。人生をよく生き、よい死を迎えるための。フィカルさんは死の間際にでさえ、その後の世界に希望を抱き、充足の表情を浮かべるのだろう。一方、私は自分の死を恐怖心でしか受け入れられる自信がない。死は遅かれ早かれ必ずやってくるし、知人の死を何度経験しても悲しみに慣れることはできない。考えてみれば、現世において感じる不安は、そのほとんどが死への畏れに起因するものだ。だからこそ、人間は死を遠ざけるための科学技術を発展させてきたといえるが、死とどう向き合えばいいのかという普遍的な苦しみを、科学は救ってくれない。彼らは日常への不安だけではなく、死への恐怖心を克服するためにも戒律を守り、祈るのだ。

フィカルさんも、昔から戒律を守っていたわけではないし、若いころはお祈りがそこまで力があるものだと体感していなかったという。

「毎日のお祈りもさぼってたしなあ。そのときは、不安がいっぱい。ビジネスで友人が成功してるのをみて、私はなにしとるんやろうって。でも子供が生まれてから、ちゃんと戒律守って生きようと、努力しはじめた。するとお祈りしているときに、こう思った。みんなそれぞれ役割がある。それは神様が与えてくれるもの。焦る必要はない。周りと自分を比べるのが無意味に思えてきたんや。」

彼らはお祈りを通じ、アイデンティティーの置きどころを、だれも触れることも、見ることもできない絶対者にゆだねることで、自己中心的な考え方から自らを解き放ち、運命に身を任せることができるのだろう。

この壮大な人生観を聞くうちに、私は「なんかもう、なるようになるよなあ」と思うようになっていた。先のことは、考えるだけ無駄だ。それよりももっと大きな視点で物事を見るようにしようと意識をし始めると、自分の存在はなんてちっぽけなものなのだと感じるようになった。それはマイナスなことではない。その自覚は、不安を薄めた。

第12話　娘たちへの不安

子供たちとの時間、未来

フィカル家での癒しは、他にもあった。応接間で撮影していると襖が少し開き、ヒジャブをかぶったパジャマ姿の娘たち3人がこそっと顔を出す。わざと気づいていないふりをし、突然そちらに顔を向けると「キャーっ」っと、笑い声をあげて2階に走って逃げていく。これを何度か繰り返し、飽きたころに部屋の中に入ってきて撮影機材を興味深そうに触ったり、カメラの前でポーズをとったりする。彼女たちとの交流も胸のざわつきを抑えてくれる、貴重な時間だった。フィカルさんは、子供たちに「ほらほら、邪魔したらいかんよ」と猫なで声で注意するが、そんな優しい言い方では、だれもやめない。溺愛のおかげかみんな天真爛漫な性格だし、こんなに愛嬌があるのだ。これから彼女たちが成長し、社会にでる過程で、父として悩みが尽きないだろう。現在の彼の悩みは、子供たちとの時間を十分に取れないことだ。モスク建立計画が始まる前は、高知県の市場や水族館を訪れたり、あてもなくドライブにいく家族の時間が取れていた。

「長女が生まれてからしばらくは、食べさせるのに必死で、仕事ばかり。最近もモスクのことで忙しくて。思い出をたくさんつくってあげたいんやけどな。それと、将来のことが心配なんや。子供たちはみんな、私の宝物やからな。」

フィカルさんは、子供たちに手に職をつけてもらおうと、パソコン教室でプログラミングを習わせたり、英語の塾に通わせたり、色々なことに挑戦させている。

「モスクが必要な理由のひとつは、子供たちのためよ。子供たちも大人になって病気とかで働けなかったら、日本に私の家族はいないしなあ。ムスリムの教えを学んでほしいし、困った時に助けてくれる場所やから。」

モスクが子供たちのために必要だというムスリムは多い。語られる理由は、「信仰の伝承のため」だが、子供たちに何かがあったときのライフラインとしてムスリムのコミュニティーに属してほしいという理由もあるだろう。モスクが存在し、そこにムスリムの互助システムが確立されたとしても、子供たちがイスラムの世界観を理解していないと、溶け込むのは難しい。

「お菓子屋さんになりたいとか、獣医さんになりたいとか、夢がよく変わるね。子供たちがやりたいことやればええけどな。でも、給料はちゃんとしたところがいい。」

看護師がいいんじゃないかと、私が言う。

「でも看護師の学校行くの、高くないんですか？」と言うので、調べてあげると、意外と安かった。

「それ、いい考えね。子供たちにアドバイスしてみようかなあ。」

この時（2020年）、長女は小学校の高学年、次女は低学年、三女は5歳とまだ幼かった。しかしこれから思春期などの難しい年ごろを迎える。


彼女たちへの愛着が深まるにつれ、私も彼女たちの将来が気がかりになってきた。日本でムスリム2世が生きていくというのは、どういうことなのだろうか。どんな経験をし、どんな葛藤を抱くのか、そしてそれをどう乗り越えていくのだろうか。

外国人と日本人配偶者との子供を中心とした若いムスリムは推定25000人（2018年）と、いわれている。両親が外国人ムスリムの子供の数をいれれば、さらに増える。2世の多くは日本人として学校に通い、就職や結婚をするので、世間からのムスリムへのイメージをダイレクトに受け取るはずだ。1世はある程度大人になって日本に来るし、職種によっては職場以外の日本社会と、そこまで接続せずとも生きていける。また母国に戻る選択肢もある。しかし、2世はそうはいかない。そう思うと、ムスリムとの共生を考えるうえで、2世たちが疎外感を感じながら生きていくかどうかは、1世との関係構築よりも重要な課題といえる。

これから移民の定住が増えて命を紡いでいくという想定のもと、100年や200年といった長いスパンで考えると、将来的に彼らと元々の住人たちと対立構造を生むかどうかは、現在生きている私たちの責任が大きいのは確実なことだ。

ムスリム2世が受ける差別

ムスリム2世の実情について調べていた私は、名古屋モスクで行われている活動に行き当たった。名古屋モスクでは2世など、若い世代のムスリムが抱える悩みを解消するために、Space for Young Muslims（以下SYM）というグループを作り、お茶会や交流会を定期的に開いている。話を聞きたいとメールを送ると、SYMの活動を始めた名古屋モスク渉外担当のサラさんからすぐに返信があり、取材を快諾してくれた。

サラさんは日本人だが、パキスタン人ムスリムのご主人との結婚を機に改宗し、4人の子供を育てた当事者の母親だ。彼女はこういう。

「2世の多くは、同じ境遇の友人も少ないし、親を悲しませたくないという理由で、なかなか人に相談できません。悩みを抱く自分が、少数派だと思いこんでいる子供が多いですが、2世の大多数が似た悩みを抱えています。そういった子供たちが一人で苦しむのを防ぐためにも、SYMの活動を始めました。」

また、サラさんは、大学院でムスリム2世が抱える葛藤や課題について研究をしている。当事者から聞き取りをし、論文の執筆や講演を通して実情を広めている彼女が語る言葉は、生々しく衝撃的なものだった。

サラさんによると、ムスリム2世の多くは、特に小学校から中学校のころまで、外見的、文化的な差異によるいじめや、不快な言葉をあびせられる経験をするようだ。肌の色や顔立ちの違いを意識することが続き、「美白クリームを塗って白くなりたい」「整形して日本人のような顔立ちになりたい」などの欲求が強くなる。こういった移民の子供たちが抱く多数派への同化の欲求は、他国でもよく見られることだが、もともと同調圧力が強い日本では、いじめや差別につながりやすい。「落としたものを拾ってあげようとしたら『触らないで！』って言われた」「触ったら、肌の色が変わるからやめてと言われた」など、辛らつな言葉を浴びせられる。救いなのは、こういったからかいやいじめは高校進学とともに、なくなるケースが多いということだ。その理由は、コミュニケーション能力が高まり、外見的な差異を埋めようと内面的に同調を図れるようになること。また友達から「ハーフええな」と言われるようになったり、外見的な差異が魅力だと捉えられるようになるからだという。

一方で、国際情勢がいじめや差別につながることがある。ISや過激派によるテロ行為についてメディアで盛んに報道されたころ、モスクに「この国から出ていけ」といったような脅しの電話が増えたが、それと比例して2世がおかれる環境も悪化した。サラさんの次男は「お前の父ちゃんテロリスト」と言われ、三男は授業中に「お前、体に爆弾巻いてるの？」と笑われた。また、暴力によるいじめも増えた。「数人の生徒に押さえつけられ、空手の有段者に腕をけられ、腕を折られた」など、傷害事件として扱われるべきレベルのいじめもあった。

表ざたにならないのは、学校の隠ぺい体質がある。腕を折られた事件では、両親が学校側に訴えると、被害届を出さないでほしいと言われ、代わりに学年主任が懲戒処分になっただけで、教育委員会に揉み消された。サラさんの息子に対していじめがあった際は、「いじめた相手の家庭も色々大変そうなので、大目に見てやってください」と言われた。いじめを警察に届けると「あなたたち、親が殴ったんじゃないんですか?」と言われた人もいる。こういった大人や先生への失望が、彼らを深く傷つける。本来であれば、学校の先生や親たちがイスラム教について理解し、しっかり子供たちに教えることで、こういった事件を減らすこともできるはずだ。サラさんが出張講義を依頼された高校や大学で行ったアンケートを通じて、生徒にイスラム教へのイメージを聞き取りしたが「戒律が厳しい」「怖い」「テロ」などという、ネガティブな印象を持つ子供が多かった。中には、「*戦争でしか解決できないと思っている」「*殺人に対しての罪悪感がない」など、ひどく偏ったイメージを持つ生徒もいた。そういったバイアスを正そうと、意識的にイスラム教のことを授業で教える教育に取り組んでいる学校や教師は存在し、それによりいじめや差別、孤立の改善につながったケースもある。周囲の大人たち次第で2世を取り巻く環境は変わるということだ。

「ムスリムの戒律への考え方は、多様性に富んでいます。個人の声に耳を傾ける教員が増えるならば、2世は周縁化に悩むことなく学校生活を送ることができると思います」とサラさんは言う。

私たちは、大人と子供の社会は地続きだと自覚する必要がある。前述したテロが起きた後のモスクへの苦情の電話の増加と、子供社会でのいじめの増加の相関関係はそれを如実に表している。私たち大人の言動が、子供たちの偏見や差別を促す。そして大人たちのイスラム教への無関心や無知が許してしまっている、メディアの偏向報道が、彼らを苦しませているのだ。

2世たちのアイデンティティーへの葛藤

もうひとつ、大きな課題はアイデンティティーの問題だ。2世の多くは思春期を迎えると「自分は何者なのか?」というアイデンティティーの葛藤に苦しむのだという。幼いころから、親の期待に応えるため「ムスリムであること」を否定できない2世の中には、学校の友達の前では、両親の出身国をブラジルやスペインと偽ったり、ムスリムであることや自分のルーツを隠し、家とは違うキャラクターをつくる子供がいる。その自己否定の連続は尊厳を奪っていき、青年期がすぎると、ムスリムとして生きるか、日本人として生きるか、2択を自らに迫るケースが多い。だが、どちらを選んでも隘路に陥る。日本社会に溶け込むために、ムスリムであることをやめる（あるいは距離を置く）と、親子関係が悪くなり、最悪の場合、関係が切れるケースもみられる。一方で、ムスリムだと自認し生きていくと、日本社会になじめず思い悩むことがある。その結果、精神疾患に苦しんだり、自殺をしてしまう2世もいるようだ。自分はムスリムなのか、日本人なのかという極端な2元論に陥ってしまうのは、日本社会に彼らへの理解や寛容さがないということだろう。本来ならば、日本社会になじみ、かつムスリムだということに誇りを持って生きることが一番良いし、それを可能にするのが多様性の理念のはずだ。しかしその2つのアイデンティティーの両立を達成し、尊厳を持てている2世はごく少数なのだという。特に地方都市では、そういった空気が重く漂っているように感じる。

これから成長していくフィカルさんの娘たちは、日本社会に直接的につながることで、葛藤と模索を繰り返していくかもしれない。サラさんから聞いた実情は、2世が進む道の厳しい側面を想像させた。そんな時、KMIKのモスクでSYMのような取り組みが行われていれば、彼女たちも悩みを共有できる仲間と出会えるだろう。

娘たちが隘路に陥ったとき、フィカルさんは彼女たちと対話をし、中間点を見つけていけるだろうか。衝突が起き、距離が離れる時期もあるかもしれないが、幸福に生きていってほしい。この愉快ななかよし家族を見ていると、心からそう願えるのである。

＊　クレシ　サラ好美「日本に暮らすムスリム第二世代――学校教育現場における実態の検証――」（『白山人類学』25、２０２２年３月）より引用

＊＊「等身大の言葉壁壊す」（『中日新聞』２０１７年１月６日）より引用

第13話 快進撃前夜 動画制作、涙の演奏会

「思いついたよ！」土地を購入して寄付をする方法

２０２０年の７月ごろになると、パンデミックの影響がそこかしこに現れはじめていた。知人が経営していた飲食店のいくつかが閉店したのもこのころだ。街は未来に絶望していた。企業の集団解雇や自殺率の増加などがメディアで報じられ、ＳＮＳではラディカルな主張が目立ちはじめた。人は混乱に陥ると、わかりやすく過剰な意見に流され賛同してしまうという現実を、まざまざと見せつけられた。それに呼応するように、地域の人間関係がぎくしゃくし、仲間内で起きた口論を、よく耳にした。私はそんな情報にうんざりしながら「頑張っていたら、だれかが助けてくれる」という物件下見でのアルムの言葉をかみしめていた。無条件の他人への信頼感は、こんな時だからこそ鮮やかに際立つ。

あの夜のバーベキューのあと、〝快進撃〟の予兆など少しも感じ取れていなかった。どう考

えても寄付集めに数年はかかるし、さすがのフィカルさんでもペースダウンするだろう。自分の身の振り方を考える時間もとろうとしていたが、フィカルという男は、私を休ませてはくれない。

「いい方法を思いついたよ！」

ご機嫌な声が電話口から聞こえてきたのが、7月中旬。彼は、困難を乗り越えたことでグループの結束力が高まっているいま、勝負をつけなければ、モスク建立計画自体が自然消滅しかねないと感じていた。

しかしその〝いい方法〟は、すぐにはピンとこないものであった。

「あの建物の土地、1平方メートルを購入して寄付してもらうんです。」

1平方メートル29000円。これがあの雑多な建造物と、無機質なアスファルトの値段だという。ざっと900人からの寄付があればよいということか。一人で29000円を寄付できない場合は連名でも可能。それも無理な場合は、もっと少額でもいいし、余裕がある人は数平方メートル購入もできるという、ゆるいシステムだ。

「それって土地を買ってもらうってこと？　それとも寄付？　どっちなの？」

「イスラムの喜捨でワクフってのがあるね。サダカやザカートとはちょっとちがうものです。」

フィカルさんが言うには、仏教でいう寄進のようなものだ。この場合、土地1平方メートルを購入した所有者が所有権を放棄し、ＫＭＩＫへ喜捨する。古来、イスラム世界の都市のインフラやモスクなどは、こういった寄進で整備されたそうだ。

「神様からするとその土地は購入した人のものなので、喜捨すると徳を積めるんです」ということらしい。購入した土地の面積や、購入者の名前が書かれた賞状のようなものを、希望者に渡すことにした。真ん中にKMIKのロゴが記されている、高級感のあるものだ。

本来は、ワクフで寄進された土地や建造物の賃貸料や、入場料などで発生した利益を、公共施設の運営にも使用することがある。モスクやマドラサ（学校）の建設や維持、病院などの施設の建設や医者や看護師の給料などをはじめ、公衆便所や水飲み場などをワクフで運営するシステムは、いまも機能している。行政に頼らず、民の力で行っているので、国家権力は基本的には介入できないらしい。それらは特定の市民だけが利用できるのではなく、だれもが自由に利用でき、特に貧困者などを助ける役割を果たしている。フィカルさんたちのモスクでは利益が発生しないのでそういった分配は行わないが、モスク建立の功労者として名前が残ることを考えると、寄付への意欲が高まるだろう。寺や神社に寄付をすると、石碑や提灯に名前が刻まれることに、少し似ている。通常の寄付よりも、信仰を抱く者にとっては価値があるものとなるはずだ。全国の、あるいは世界中のムスリムたちがモスクの土地を、まるでパズルゲームのように埋めていく感じだろう。一人ひとりの信仰が、あの建物に集結するのだ。

とはいえ、2019年の統計では、全国に66860人の在日インドネシア人がいるとされていたが、そのうちの何人が寄付してくれるのか。コロナ禍で技能実習生の職への不安は、どんどん高まっていたころだ。フィカルさんたちとは関わりを持たないインドネシア人技能実習生や介護士たちにも会う機会があったので、モスク計画について意見を聞いてみた。彼らはいわゆるいまどきの若者で、女の子たちはヒジャブをしておらず、東京などの都会にいる垢ぬけた若い女性と見分けがほとんどつかない。

「応援はしたいけど、私はどっちでもいいかな。あればうれしいけど」との返答だった。他の数人の若者にも、同じ質問をしたが興味がないようだった。自らをムスリムと自覚しているが、お祈りはたまにしかしないし、お酒も普通に飲む。ラマダンの断食も毎日するわけではない。そう、インドネシア人にはイスラム教徒は多いが、特に若い世代は信仰に篤い人ばかりではない。信仰へのゆるさを許容する多様性のあるイスラム社会であり、その社会の余白こそが、フィカルさんやKMIKメンバーらの魅力である、ゆるさと真面目さの共存につながっていると思うのだが、一枚岩では決してないのだ。

日本全国のインドネシア人へ——覚悟を伝える、必死の動画制作

早速、土地の切り売り式寄付の詳細を、プトラくんとムーキーくんが協力してデザイン化し、パンフレットが制作された。建物の外観と内観の写真、購入のために必要な資金、振り込み先

の口座番号、KMIKの連絡先などが記された。またアルムのアイデアで、あといくら必要かを可視化するため、円グラフをデザインにいれた。宗教的に正しい言い回しになるようにアディさんが文章をチェックし、インドネシア語バージョンと、他国籍のムスリムのために英語バージョンも制作し、PDF化した。KMIKメンバーのラインのグループチャットで共有し、SNSで全国に散らばるインドネシア人の知人たちへ、自分たちの活動を拡散してほしいとお願いをした。果たしてどんな反応があるだろうか。世相を考えるとあまり期待はできないが、できることを粛々とこなしていくしかない。

KMIKの中心メンバーは毎週オンラインで会議を行い、各自ができることを考えていった。「私たちが先に頑張っている姿を見せないと、全国の他のインドネシア人たちは協力してくれないね。香川県のインドネシア人だけで、あと300万円はすぐに貯めないと。そのためには中心メンバーは、1ヶ月の給料分くらいはださないかん」と、まずはフィカルさんが先陣を切り30万円を自ら寄付。それに続き、他の中心メンバーたちも、10万円ずつ寄付をした。KMIKにはだれがいくら寄付したかを、その都度、ラインやフェイスブックのグループチャットに、証拠として書き込んでいく決まりがある。それを見て彼らの決意を感じとった県内のインドネシア人たちも、より協力的になった。

プトラくんはこの時期のことをこう振りかえる。「兄さんが30万円も出したのには驚きました。全国のインドネシア人やムスリムに購入を宣言したから、責任感もわいてきて、もっと頑張らないかんと思うようになった。この時から意識が変わった。」

彼はインドネシア人の介護士のコミュニティーに参加している。全国の介護士がSNS上でグループを形成し、ゆるいつながりをつくっているのだ。その仲間に連絡し、寄付のお願いをした。介護士は、技能実習生よりも給料が高いので期待が持てる。インドネシアとマレーシアのクラウドファンディングの企業にも、協力を依頼。他のメンバーも、SNSでのシェアはもちろん、友人へ連絡をして口コミも含めた情報の拡散のお願いをした。さらに、協力してくれそうな団体の検索と電話など、地道な活動を続けた。

当初は興味がなさそうだった溶接工のインドネシア人は「フィカルさんの本気を知って、何か手伝いたいと思うようになった。寮に募金箱を置くようにしました。私たち、同じ職種だから、30万円を寄付することの重みがわかる。あの人、会社は違うけど、理想の上司みたいな人」と語った。

彼らはフィカルさんに仕事先を紹介してもらったり、悩みを聞いてもらったりと、恩義がある人間が多い。また、大野原という香川県の西部に位置する地域で働く農家の技能実習生たちは、積極的に寮内や近隣の会社で働く技能実習生たちにも、寄付のお願いをしてくれた。その活動を先導したのは、のちにエリサの夫になる若者だ。家で育てているレモングラスを友人に分けて、手にした謝礼を寄付する人もいた。こうして、1ヶ月もしないうちに香川県だけで300万円が貯まり、合計で800万円に到達したのだ。

しかしいくら情報を拡散しても、県外在住のムスリムからの入金は、この時点ではなかった。香川県のインドネシア人ムスリムだけでは、これが限界だろう。なんとかして、全国に散らばるムスリムを巻き込まなければいけない。そこで、次に登場した作戦が「想いを伝えるインタビュー動画を作ろう！」という案だった。

カメラマンの井上は「やりましょう！」とやる気に満ちていた。私は2分くらいの簡単なものを想定していたが、男気にあふれ何事も過剰な節のある井上が練り上げた構成と台本は8分を超えるもので、ドローンを飛ばし、物件を探しさまようフィカルさんを、格好よく撮影する映画のようなものだった。これでは映画俳優のようでまるで切迫感がない。某政治家のように自転車をこいでいるところとか、苦労している感じを出したほうがいいんじゃないかと提案するが、フィカルさんは「この台本をもとに、こちらのメンバーと相談して練り上げます」と言い、その1週間後、インドネシア語に翻訳した台本がメールで届いた。アディさんが、宗教的に正しい言い回しなどを考えてくれたようだ。また、フィカルさんが普段使わない丁寧なインドネシア語を多用した文章に変えてくれていた。多分フィカルさんのインドネシア語は、すこし荒々しいのだろう。だが、彼の語り口は他のメンバーにはない謎の説得力がある。

それにしてもものすごい文章量だ。明らかに15分は超えるだろう。これほど長尺の動画をだれか見るのだろうか?と思ったが、水は差したくない。フィカルさんの語りの撮影は彼の家で行った。「こんなに長いの覚えられないわ」と言うので、A3の画用紙に全文を描き、私がA

Dのようにカンペを見せることに。照明もばっちり焚かれ、フィカルさんを照らす。井上の奥さんも録音役で駆り出されマイクを持ち、言葉を拾った。なんとか15分を超える寄付を呼び掛ける動画が完成。それもSNSで拡散されることになった。さあ、どうなるか。期待と不安が入り混じりながら、彼らは果報を待った。

ネットだけに頼らない、コロナ禍での寄付行脚

2020年の8月を迎えた。パンデミックの世相に混乱する社会で、口コミや動画はいったいどれほど拡散され、どれほどの効果があるのだろうか。私のSNSのタイムラインにはその情報は流れてこないし、周囲の日本人の友人たちもそういう計画が香川県で進んでいることをだれも知らなかった。同じ県在住なのであれば、一度くらいだれかのシェアがまわってきたり、話題になっていいと思うのだが。SNSの中でさえインドネシア人コミュニティーと、日本人コミュニティーの領域が重なることはないのだろう。

このころ、ついにコロナの感染拡大は、フィカルさんの本業にも影響を及ぼすようになる。造船会社の本社の作業員が給与をかなりカットされたようだ。大企業にもコロナの闇が侵食してきている。職場の雰囲気は、徐々に殺伐としはじめ、ペルー人や中国人など、彼の同僚は職場を離れ、他県へ出稼ぎに行く人も増えてきた。フィカルさんは師匠に鍛えられたおかげで、

溶接技術がかなり高く、スピードも速いので、給料は減ったが、そこまで痛手ではないようだ。しかし、これからどうなるかはわからない。

「でも私、心配してないね。いいことしたらゼッータイかえってくるよ。これ、絶対よ！　絶対！」

そして8月の中旬、吉報が届く。

「昨日、寄付してくれる人から連絡があったんですよ！　県外の人。会ったこともないし、名前も知らない人。52000円です。うれしいです！」と声が弾んでいる。

私も驚いた。まさか、何の縁もない人が、そんな大金を振り込んでくれるとは。

フィカルさんは、技能実習生の寮や友人たちをめぐり、寄付をお願いする活動も再開することに。今回は同意書をつくることにしたという。会ったときに口約束で寄付の約束をしてくれた人には同意書を渡し、それでも入金がない場合は、再度会いに行く。そこまですれば、さすがに寄付をしてくれるだろう。

「この方法、どう思いますか？」とフィカルさんが、不安げに言った。

「俺だったら、うっとうしく思うな。」

「私もそう思う。嫌われるかもしれないけど、やるしかないね。」

数日後、寮に寄付のお願いに行くというので、ついていくことにした。その寮は香川県の金刀比羅宮のおひざ元にある、田んぼに面した一軒家。フィカルさんとプトラくんと彼の息子と一緒に家の中に入ると、玄関隣にある5坪ほどのフローリングの部屋に通された。インドネシア人の若い男たちが次々と現れ、私たちと握手をし、輪になって座る。最終的に14人集まった。彼らは菓子製造工場で働いている。

この寮の住人はインドネシア人だけ。廊下には洗濯物が干されていて、なかには昔タイの路上で売っていたカラフルなブーメランパンツもあり、懐かしさを覚えた。壁に30人ほどのインドネシア人のセルフィーがコラージュされた写真が飾られてあり、真ん中に「家族」「絆」と大きく書かれてある。どうやら長渕的世界観は、インドネシア人の共通感覚らしい。

フィカルさんが寄付の方法を説明し寄付の同意書と、購入予定の物件の内装などがまとめられたパンフレットを皆に渡していく。14人もいたら反応は多様だ。フィカルさんの目を見て聞く人、あくびをしている人、無表情な人。全員が協力的ではないのが、よくわかる。さて、リーダーの話が終わった後、プトラくんが何やら話し始めた。手をよく見ると、少し震えている。緊張しているのだろうが、それでも息子を連れて来たのは、父が頑張る姿を見せておきたいのだろう。

話し合いは円満に終わった。途中で笑いが起こったりするので、フィカルさんが事前に心配していた「嫌われるかも」ということはなさそうだ。

私は彼らの部屋を見せてもらった。かなり広い住居ではあったが、14人がどうやって暮らしているのだろうか。部屋数は多くないが、各部屋に2段ベッドが2つ置かれていた。つまり、一部屋に4人が寝泊まりしているドミトリーのようだ。この環境を劣悪ととるかは、その人次第だろう。タンスやクローゼットのようなものがある。壁には、家族の写真や、インドネシアのアイドルのポスターが張られていた。その部屋の隣では、だれかがテレビゲームをしている音がする。

14人のムスリムと、1人のキリスト教徒の共同生活

再び応接間に戻り、しばらくすると、茶髪のサラサラヘアーのなよっとした若い青年が部屋に入ってきた。そういえば、彼は話し合いに参加していなかったなあと思っていると「あ、あの子はキリスト教徒やからね」とフィカルさんが説明してくれた。

ここでは14人のイスラム教徒と、1人のキリスト教徒が暮らしているのだ。宗教的に、彼は肩身が狭くないのだろうか？

タイ人のような顔立ちで中性的な彼は、私に微笑みかけ、おもむろに部屋の隅にあった電子ピアノの前に内またで座り、電源を入れ、ケーブルをアンプに挿した。その瞬間、アバンギャルドなノイズが鳴り響く。何が始まるのかと思いきや、別の男がスピーカー付きのマイクを持ち、ディレイをかけてインドネシア語で何かを喋る。儀式でも始まるのだろうか。

「キリスト教の子が、ピアノと歌が得意なんやって。私たちのために、歌ってくれるらしいで

すよ。仕事のあととかにも、たまにみんなで歌ってるんやって。何を歌ってくれるんかなあ。私は演歌が聞きたいね。」

フィカルさんはそう言ってスマホを取り出し、音楽をかけた。聞き覚えのある鼻から抜けるような、哀愁ある声。おお、松山千春の『恋』だ。フィカルさんは目を瞑り、陶酔している。若いインドネシア人たちは、ぽかんとして、その様子を見ていたので、彼ら世代には松山千春の哀愁は響かないのかもしれない。『恋』が終わるのを見計らい、ピアノの彼がゆっくりとメロディーを弾きはじめた。どんな歌を歌ってくれるのか？

そして、涙の演奏会へ

住人たちは、部屋の壁に沿って弧を描き、ピアノの彼を囲んでいる。「始めます」とニコッと笑い、イントロを弾いた。彼が発声のために大きく口を開いたその瞬間、重層的な歌声が鳴り響いた。一人で歌うかと思っていたが、15人の大合唱だ。日本語のエモーショナルなポップソング。森山直太朗の『さくら』だった。若い彼らは、インドネシアにいるころから日本のポップソングが傍らにあった。『おしん』くらいしか日本の情報がなかったフィカル世代とは、大きく違う。

彼らは最初は照れながら、しかし時が経つにつれ、歌詞とメロディーに没入し、歌に酔いしれていった。かつて私がバックパッカー時代に見た、経済発展前夜のベトナムの路上でも、若者が大声で合唱していた。彼らの目には未来への希望が映っていた。その目がいまの彼らと重なる。やがて、みんなが肩を組みウェーブへ。フィカルさんも感無量のようで、目が虹のようにアーチを描いている。

「最近疲れてたけど、歌ってたら忘れるね。楽しいね。」

気づけば私も隣にいた若者と肩を組み、一度も歌ったことのないポップソングを口ずさんでいた。私は子供のときからひねくれた性格で、皆で同じことをやるのが大嫌いだったので肩を組んでウェーブなんてしたことがない。そんな自分がこの瞬間だけは、一体感を受けいれているごとに驚いた。彼らとの接触を繰り返すうちに、内面で小さな変化が起きていたのだろう。

続いて、インドネシアの歌をリクエストした。すると「じゃあインドネシアの独立記念日の歌にしましょうか。日本の敗戦の日の2日後に、私たちは日本から独立したんです」と彼は提案してくれた。

ある国が引き裂かれるような絶望と悲しみに打ちひしがれた2日後、ある国では独立を宣言する歓喜の瞬間が訪れた歴史に思いをはせる。そしてその末裔たちが、日本の田舎で、その歓喜をともに歌うという状況は、私たちの先祖が見たら、さぞ驚くことだろう。当時、日本は欧米や植民地支配した国の敵国だったが、今では友好国だ。時の流れは偉大で、互いのわだかまりを、薄めていく。イスラム世界と西洋世界にある対立構造も、時の流れが洗い流してくれる日が来るかもしれない。

独立記念の歌は威勢の良いメロディーで、彼らの琴線にふれるのだろうか、目に涙を浮かべる者もいた。手を振り、胸を叩く。拳を上に突き上げる。何を思い出しているのだろうか？　家族の顔、ぬくもり、友人の声。土地の匂い。置いてきた子供や妻。彼らもパンデミックを海外で経験するとは、夢にも思っていなかっただろう。不安を歌で覆い隠しているのかもしれない。

合唱は、大団円を迎えた。拍手と歓声が沸き起こった。コロナで人間の距離感が揺らぎはじめている時期だったが、彼らは結束力を高めていた。

田園に囲まれた田舎は宗教融和の最前線

それにしても、キリスト教徒が曲を奏で、イスラム教徒が歌う現場は、私には興味深かった。キリスト教徒の彼は、教会でピアノと歌を習ったのだという。

しかし「そんなの普通のことね」と言うフィカルさんの言葉に、また自分に潜むステレオタイプをあぶり出された気がした。

ピアノの彼に、あえて質問してみた。「イスラム教徒と暮らしていて大変じゃないの？」

彼はその質問の意図がよくわからないようだった。

「子供のころから一緒に生活しているので、まったく問題ないですよ。僕は、教会に行ってお祈りしますし。」

「彼らはいま、モスクをつくろうとしているけど、どう思う？」

「私も寄付しました。友達が幸せになってほしいと願うのは、普通でしょう。キリスト教だからって嫌なことをされたことはない。みんな優しく仲良く暮らしています。」

「国によっては、キリスト教徒とイスラム教徒に軋轢がある場合もあるよね。それをどう思う？」

彼はこう言う。

「人は人です。信仰ではなく、個人の問題です。」

ふと壁を見ると外国人技能実習生機構という団体の電話番号の横に、ＫＭＩＫの張り紙があり、フィカルさんの携帯電話の番号が書かれていた。だれが電話をしてきても、受け入れ、助けるという意志の証に見えた。フィカルさんは言う。

「そりゃそうよ。子供の時から一緒やもん。他の宗教とも仲が良いよ。私たちの祝日の時は、他の宗教の人がお祝いに遊びに来てくれる。キリスト教徒からクリスマスになると、ケーキをもらったり。私のことをかわいがってくれていた近所のおじさんは、中国人のヒンドゥー教徒やったし。」

コーランには「キリスト教」「ユダヤ教」は啓展の民と記され、「宗教に強制はない」と書かれている。この極東の田舎にある和風の1軒家は宗教融和の最前線でもあるのだ。彼らは、宗教というもので生まれる違いを、たいして気にしていないようだ。

第14話　ついに発動、インドネシア人コミュニティーの底力

待ち続けた吉報

それから1週間は、フィカルさんからの連絡が途絶えていた。やはり県外の見知らぬインドネシア人ムスリムたちから、寄付を集めるのは難しそうだ。みんな自分の生活で手いっぱいだろう。フィカルさんも、その現実を実感し、思い悩んでいるのかもしれない。9ヶ月間という重荷がないことが、唯一の救いだった。

だが8月中旬にふいに鳴った電話の内容は、信じがたいものだった。

「あれから、1週間で100万円くらい寄付が集まりました！」

電話口のフィカルさんは、興奮気味だった。何かの間違いじゃないのか？と何度も聞きなおしたが、50人くらいから振り込みがあったという。私には信じられないことだったが、フィカルさんやKMIKのメンバーもさすがに驚いている。フィカルさんがビデオの中で語ったセリ

フが、琴線を刺激したのであろうか。

「私たちは誤解されている。だからモスクを日本人との懸け橋にしたい。仲良く暮らせるように。そしてインドネシア人は裕福ではない人が多いので、異国で助け合って生きていく必要がある。そのためにもモスクが必要です。」

この社会的弱者の実感は、インドネシア人技能実習生の共通感覚なのかもしれない。あるいは、もしかしたらコロナ禍だからこそ、徳を積みたいという思いがあるのだろう。東京、群馬、徳島、北海道、愛知、全国から寄付やメッセージが届いているようだ。7月にSNSや口コミを通じてモスク建立計画の情報がいきわたり、給料日を待ってから寄付をしてくれたのだろう。7月にも振り込みはあったが、振り込み人はフィカルさんやメンバーの友人の名前ばかりだった。8月は知らない名前しかない。中には偽名の人もいる。「HambaAllah」。これは、〝アッラーに忠実なもの〟という意味だ。

ワッツアップ、ライン、フェイスブックで、入金の振込書を添付したメールが次々とKMIKに届いた。メンバーで手分けして、その一つひとつにお礼の返事をした。また、協力してくれそうな団体を紹介してくれる、見ず知らずの人からの電話も多くなった。エリサさんやセプティさんは、電話の対応に追われ、フィカルさんもリーダーとして、お礼のメールを返す日々が続いた。

通帳には、次々と寄付が振り込まれていく。27000円、30000円、150000円、

7000円、10000円、30000円、80000円……。高額の入金も続き、ついに8月だけで約500万円の寄付が集まった。振込名はインドネシアの名前ばかりだが、時々、日本人の名前もある。

1週間に一度、3000円を繰り返し振り込む人もいた。きっと少ない給料の中でやりくりをして、余ったら寄付してくれているのだろう。また、インドネシアの女性の名前で156000円もの大金の入金があった。周りの友人に声をかけ、集めてくれたのかもしれない。どの振り込みも、背後にある不可視の物語への想像力を刺激する。通帳はしっかり者のアルムが管理し、所々にインドネシア語でどんな人が寄付をしてくれたか、わかるものには注釈をいれている。ちゃんとお礼を言うために、履歴と証拠を残しているのだ。

「こんなに寄付してくれるなんてすごい。始める前は反対していた人たちも驚いているよ。だから私、心の中で、俺たちの力を見たかと思ったね。いろんな人に、無理やって言われてたから」とフィカルさんは、とりあえずほっとしている。

一方で、寄付が集まれば集まるほど、プレッシャーも降り積もってゆく。彼らはいまどれほどの、神への思いを背負っているのだろう。

「3100万円を集める自信がある。でも次の日はすごく心配になる。夜、寝れんかったり、目が覚めることもある。その繰り返しね」

とはいえ、これはいけるかもしれない。数年はかかるだろうが、あわい希望が見えてきた。

オンラインより対面、モスク巡り、リーダーたちに出会う

フィカルさんがこだわったのは、直接人と会うことだった。オンラインでの話し合いでは、熱量も伝わらない。対面することの意義。息遣いや仕草、体温から伝わる心の機微。相手への信頼感。彼は時代に抗うように人と会い続けた。もちろん、コロナ対策は万全に、相変わらず似合わないマスクをつけ、日本政府が定めたガイドラインは守っていた。

彼は口癖のように「私は日本に住んでいるから、日本のルールの中で迷惑をかけないように生きていくことを、大切にしてるんや」と言う。それは、この非常時でも徹底されていたし、私にもアドバイスを求めてきたので、自分の考えだけではなく、医者の友人に連絡をし、彼の知見も伝えた。フィカルさんは集団でお祈りをする際、一人分の大きさのビニールを床に貼り、終わったらそれを捨てることで、感染を防ぐようになった。これだけ一緒に時間を過ごせば、お互いへの信頼感は高まり、知恵を交換できる。私は彼らの実践やゆるい雰囲気に不安を薄めてもらい、私は日本人特有の小さな気遣いを教える。そうやって、この非常時を私たちは乗り越えていた。

フィカルさんの次の策は、日本にすでにあるモスクを廻り、寄付をお願いすることだった。まずは広島にあるモスクにインドネシア人のグループがあるというので、その寄合に参加させ

てもらい、寄付のお願いをすることにした。そのグループは、大学生が運営主体。博士号を取得するために国の支援を受けて来日している、アディさんやセニンさんのようなエリートが多いらしく、フィカルさんは緊張している様子だった。

2020年9月某日。フィカルさんの車で、瀬戸大橋を越え、東広島へ向かった。同行者は私、井上、ムーキーくんと、ユセフくん。KMIKがどのように資金集めをし、通常はどんな活動をしているか、パワーポイントを使い説明したほうがいいという提案が、東広島のグループからあった。パワーポイントとは縁遠い人生を送ってきたリーダーを助けるために、資料を作成し、有休をとってくれたのだ。

ちょうど瀬戸大橋に差し掛かり、瀬戸内海の美しさをみんなで共有していた時、フィカルさんがダッシュボードを開け、一枚の古びたCDを取り出し、ラックに挿入した。

「中学とか高校のころね、私これ好きだったよ。よく聞いてたわ。」

聞こえて来たのは派手なメロディと、安っぽいサンバのようなリズム。「オマオマヘ」と聞こえる歌詞。これは聞き覚えがある。私も中学生か高校生のころ、よく街やテレビで耳にしていた洋楽だ。コンピレーションアルバム「NOW」のシリーズだった。私とフィカルさんは同い年。SNSもない当時、2人が共有したものは、この音楽だけだったのかもしれない。そう思えばこの曲も、価値あるものになる。

「前から思ってたんやけどな、私の話を聞いて何が楽しいんですか？　お金も儲からないでしょ？」

「フィカルさん、俺もフィカルさんが何でこんなに一生懸命に、心配で寝られなかったりしながら、モスクをつくろうとしているのかわからないよ。最近ちょっとわかってきたけどね。」

フィカルさんは「そうやなー」と笑った。

モスクをつくりたいフィカルさんと、それを追う私。2人を繋ぐものはモスクだ。会話はそこから生まれ、今ではお互いの人生を語り合う仲にまでなったのである。特に思い入れのなかったモスクは、やがて私にとっても大切なものへ変化している。私はモスクを媒介に、未知の宇宙へ突入した。私が改宗することはないだろうが、ムスリムの精神性を以前よりも理解し、その世界観は、私の内面を形成する要素の一つになっている。

到着したモスクは、圧倒されるほど立派なものだった。30年ほど前にシリア人のムスリムによって建てられた5階建てのビルだ。頂に輝く三日月型のゴールドの存在感がすさまじい。広島県には多国籍のムスリムが増え続け、やがてマレーシア、バングラデシュ、パキスタンなど人種ごとに、日にちをわけて使うようになった。スケジュールは話し合いで決めているらしく、その日はインドネシア人の日とのことだ。礼拝所は4階だと聞いていたので、階段で登ろうとすると、エレベーターがあった。3人の女性がドアの前にいたが、しゅっとした長ズボンにカットソーを着ていて、ヒジャブをつけた都会のOLのようないでたち。

中に入ると、かなり広い。玄関から右手に進むとお祈りのスペースがあった。70人くらいは、ゆうにお祈りができそうだ。ちょうどある男が、壁に資料を投影し、なにやらプレゼンをしていた。手にはパワーポイントのページを移動するスイッチ。このモスクのインドネシア人グループのリーダーらしい。私たちは隅っこでその様子を見ていた。まだ若いが学者らしく、30分以上も雄弁に話し続ける。

我らがリーダーのフィカルさんはというと、表情が硬い。張り付いたような薄ら笑いを浮かべている。彼はエリートを前にすると緊張する節があった。プレゼンが途切れ、リーダーがフィカルさんの名前を呼ぶ。フィカルさんは彼に促されるまま、聴衆の前に立った。雄弁に語るかと思いきや、彼はなぜか正座をした。両手で大切そうにマイクを持ち、落ち着きなくくねくねしながらしゃべっている。声も少しうわずっていて、眉毛も垂れ下がり、小動物のようでもある。話は5分ほどで終わり、まばらな拍手が起こった。その後、ムーキーくんがパワーポイントを巧みに使い、KMIKについて説明を始めた。それも10分くらいで終わり、2人はのそのそとこちらに戻ってくる。私の横に座ったが、まだ緊張が解けないらしく膝上で指を合わせ、くるくる回している。

マイクを持った司会者がKMIKのための寄付を催促し、ダンボールで制作したカンパ箱を回していったが、1人目、2人目、3人目はお金を入れず、4人目でやっと1000円。10人目でやっとまた1000円。私はいたたまれなくなって、目を伏せた。

12時10分になり、前方にある時計のアラームが鳴った。お祈りの時間だ。皆ゆっくりとお祈りの準備を始める。するとインド人やアフリカ系の人たちが20人ほど、子供を連れて部屋に入ってきた。お祈りにはどの国籍の人たちも参加できるらしい。20分ほどで終了し、皆バラバラと下の階へ向かっていく。

「ご飯を食べませんか?」と、先程プレゼンをしていたリーダーが誘ってくれたので、私たちも階下に足を運んだ。1階の広いスペースにゴザが敷かれてあり、白米とチキンの肉料理が乗ったプレートが人数分用意されていた。みんな箸やスプーンは使わず、右手でごはんをつかんで食べている。これがインドネシア式なのだ。

フィカルさんは一仕事終え、安心したようだ。

「私みたいなんが、いきなり行って相手にしてくれるんかなあ?って心配やったけど。でもみんなウェルカムね。いろいろ情報を教えてくれるし、情報も拡散してくれるって。インドネシアにモスク建設をサポートする団体もあるらしいわ」というので、一定の成果はあったようで安心した。

フィカルさんの横には、褐色の肌で、切れ長の細い目を持つ50代くらいの男が座っていた。他のインドネシア人たちと若干雰囲気が違う。侘しさをはらむ目。彼はいまは広島に住むが、フィカルさんと同じ溶接工で、以前同じ職場で働いていたことがある。この男が今日の仲介役になってくれた。彼は日系のインドネシア人で、20年以上前に日本に来た移民。広島県内に、

1軒家を改装したモスクがあるが、そこのリーダー格だ。その地域は技能実習生よりも、日系インドネシア人の労働者が多い。週末になれば、モスクに仲の良い人たちが集まり寝泊りもしているようだ。

日系インドネシア人コミュニティーは、日本人の移民や軍人を祖先に持つ人が主体だ。配偶者や子供と共に長期の定住が可能で、数十年日本で働いている人が多い。

その日系インドネシア軍団の中に、これまたひときわ異彩を放つ男がいた。50歳前後だろうか。細い体軀、焼けた肌、やけに据わった目。インドネシアの民族衣装を堂々と着こなし、ムスリム帽をかぶっている。マッチョになる前の長渕剛にそっくりではないか。彼は漁師をしている日系インドネシア人。額のちょうど第3の目の位置に、黒い斑点がある。お祈りをしすぎてできたタコらしい。これは礼拝ダコと呼ばれ、床に頭をすりつけるぐらい熱心に礼拝している証拠で、ムスリムにとっては誇りなのだそう。世界にはいろんな価値観があるのだ。彼は若い衆をたくさん連れていたので、面倒見の良い人なのだろう。時々、他の地域のモスクに行き、親交を深めているそうだ。香川にモスクができたら必ず行くと、彼は言った。

フィカルさん、プレゼンをしていたリーダー、そしてこの彼。私は3人のインドネシア人コミュニティーのリーダー格と会ったわけだが、みなそれぞれキャラクターが違い、話を聞く限りモスクに集まる人々の質も違いそうだ。モスクの代表者同士のグループチャットもあるという。リーダー同士が、コミュニケーションを深めていけば力になってくれそうだ。

コロナ禍でも増え続ける、刻まれる名前と入金

その後も近隣のモスク巡りは続いた。徳島マスジド（モスク）にもフィカルさんが行き、同じような方法で寄付を募った。募金箱を設置するだけでは、正直、そこまで貯まらない。しかし、そこで出会ったムスリムたちがＳＮＳで拡散し、遠方のムスリムにも届く。情報がありえないスピードで広がっていった。また、愛媛県新居浜市や、岡山県にあるモスクにもお願いをしに行った。新居浜モスクは、国内にあるモスクのうち最も中心街に建つモスクのひとつで、２００３年に日本人ムスリムの故・浜中彰さんが建立したもの。１階はテニスのラケットなどが販売されているショップで、２階を礼拝所として利用している。香川県から車で１時間30分ほどでいけるので、ここを訪れたことのある香川県在住のムスリムは多い。岡山のモスクは、一見ごく普通のアパートだが駅から３㎞という好立地にあり、さまざまな人種が入り乱れている。こういった地方都市にあるモスクの背後にも、たくさんの苦労があるのだろう。モスクの代表者は、フィカルさんに協力的だ。

そのフィカルさんたちの活発な動きと比例するように、寄付が集まるスピードも加速していく。９月には３００万円が１週間で貯まることもあった。通帳に刻まれるインドネシア人の名前と、金額。連名で集めて送ってくれる人。職業別に分かれたコミュニティーの名。各地のモ

スクの名。などなど、その背後に、お金を出してくれている人が一体何人いるのかはわからない。しかしそのほとんどが技能実習生だろう。コロナ禍でいつ仕事が減るかわからない時期に、なぜこのスピード感で寄付が集まっていくのだろうか。私には到底理解ができないのだが、理解できないものを目のあたりにする快感に私は身を浸していた。

ＫＭＩＫの貯金通帳の冊数も増えていき、このころには3冊になっていた。１ページに12回の振り込みが記載された、18ページの通帳。この時点で６００回ほどの振り込みがあったということになる。

多くの技能実習生がコロナで身動きが取れない中、ひたむきに頑張るＫＭＩＫへ、希望を託したのかもしれない。しかも、エリートの集団ではなく、リーダーが溶接工であり、メンバーも技能実習生が多い。毎週末に、いくら貯まったかをフェイスブックで公開し活動の写真をアップしていたからか、その躍進が葛藤を抱え生きる技能実習生たちにとって、痛快だったのかもしれない。全国のインドネシア人ムスリムが、その顛末を見守っているように感じた。

「私たちは家族。困っていたらだれかが助けてくれます。」

この言葉が、また頭をよぎった。そして、10月が終わるころには１４００万円が集まった。

パキスタン人コミュニティーとの協働開始

2020年の11月になった。寄付のスピードが少し減速したころ、フィカルさんのパキスタン人の友人が協力してくれることになった。

フィカルさんはできるだけインドネシア人の力でモスクをつくることを目指し、社団法人の役員に他国籍のムスリムの名前を入れたくはなかった。これも、KMIK内で話し合い導き出した方向性だ。特にアルムが強く主張していたようだが、モスクをインドネシア人が独占するためではなく、揉め事を起こさないようにする知恵だ。もちろんモスクが完成したら、どの国籍のムスリムも、いや、ムスリムではなくてもウェルカムにするつもりだが、運営にさまざまな人種が入り乱れると、文化や価値観の違いから仲たがいなどの問題が起こることがあるそうだ。フィカルさんが存命の間は、だれが中心になりモスクを作ったかが明白なので、発言権はインドネシア人が強くなるだろうが、フィカルさんが亡くなった後、次世代以降に揉め事が起こらないとも限らない。

そのため、他の国籍のムスリムたちは、そこまで協力的ではなかった。自分の名前を社団法人にいれてもらえなければ、やる気が出ない人が多かったようだ。

だが「モスクができるならば、社団法人に名前をいれなくても大丈夫だ」と協力を決めてくれた車の輸入会社を営むパキスタン人の社長がいた。目つきが鋭く、ただものではないオーラがある。

社長はこう言う。

「私が香川県に来てから35年。モスクがなかった。一度高松に小さな礼拝所ができたけど、運営ができなくなった。だから、神戸まで行ったり、出張のときにそこのモスクに行ったりするしかなかった。でも、もうすぐできそうだ。私は、彼を応援したい。」

社長と、彼が信頼する2人のパキスタン人は知り合いをつてに、寄付を集めはじめた。香川、徳島、神戸、岡山、パキスタン人のコミュニティーやモスクを巡ってくれたようだ。パキスタン人は、振込ではなく手渡しでの寄付をすることが多かった。まとまったお金が集まるたびに、インド料理屋などで会い、渡してくれる。そのたびにフィカルさんは、お金を受け取っているところを写真に撮り、私に送ってくれた。インド料理屋で、現ナマを笑顔で受け取る様子はかなり怪しかったが、受け取った証拠をお互いに残しておく必要がある。

この時期、KMIKの中心メンバーたちはまた精力的に動きはじめた。友人たちへの電話や、協力してくれそうなコミュニティーを探し、コンタクトをとる。すると、11月の初旬には止まっていた寄付がまた、動きはじめた。

10000円、80000円、2000円、5000円、150000円、200000円……。

通帳に数字が並ぶ。フィカルさんはその間も、大野原、高瀬、善通寺、インドネシア人の技能実習生の寮に何度も通い、またコロナの感染状況を見ながらだが、可能な時期には公民館で寄合を開き、団結心を高め、寄付をお願いした。一日で14万円もの寄付が集まることもあった。

　そして、11月の下旬ごろには、２０００万円に到達した。通帳は4冊目に突入していた。とんでもないスピードだ。たとえ9ヶ月の縛りがあったとしても、間に合いそうな勢いに他のエリアでモスク建立を計画しているムスリムたちの間でも、話題になったようだ。まさに、パンデミック下の奇跡だ。私も、日々驚きつつ、無理だと言い続けたことを反省していた。信じる力の偉大さ。シンプルに考え、動き続けることが生む、大きなうねり。理想を語り、夢を追うことさえ憚られる暗い時代の提灯のような男フィカルとその仲間たちの後姿は、たくましさを増していく。

　だが、明らかにフィカルさんたちは、ガス欠を起こしていた。気分転換が必要だ。

　そこで運転手付きのバスを借りて、慰安旅行に広島へ行くという計画をたてた。ＫＭＩＫの中で募集をかけると、70人もの参加者が集まったので、急いでバスを2台借りきる手はずを整えた。私も一緒に行くことになったのだが、その旅で立ちよった原爆資料館で、私がムスリムのコミュニティーを取材をしている動機の源泉となる9・11の記憶を思い出すのであった。

第15話　70人のバス旅行
消えた友人と、私がムスリムを追う理由

移民時代を象徴する早朝の駅前

早朝6時。X市の駅前のロータリーで、インドネシア人の70人くらいの団体とともに、私は大型バスを待っていた。朝が弱い私はだれと会話することもなくぼんやりつったっていると、若いインドネシア人女性が、昨晩友達とつくったというドーナッツをくれた。

ドーナッツをむさぼっていると、マイクロバスが現れた。外国人の集団が20人ほど、これまた眠そうに降りてきた。言語や顔のつくりから察するにベトナム人だろう。しばらくすると、入れ替わるように別のベトナム人がぞろぞろ、そのマイクロバスに乗り込んでいく。おそらくこれは技能実習生の送迎バスで、夜勤と日勤の交代の時間なのだろう。ロータリーから20メートルほど離れた広場に目をやれば、ネパール人らしき自転車の集団がたむろし、その奥で労働者風の服装をした日本人の老人が、ベンチに座り雑談をしている。かつて国内の労働者たちが仕

事を求め流れ着いた街であるX市。現在は外国人がその役割を果たし、日本経済を支えるという、時代の変遷の縮図がさびれた駅前に凝縮されていた。

大型バス貸切でいくにはワケがある

この旅行は、フィカルさんを中心にKMIKが主催した。集金活動で疲れ切ったフィカルさんと、中心メンバーたちにとっては慰安旅行のようなものだが、70人をまとめ、旅行に出かけることを考えるとそれはまたそれで大変な労力である。GoToトラベルのおかげで、バスのリース代は少し値下がりしていたのはラッキーだった。

大型バスを借り、大所帯で全員一緒に旅行へ。彼らの行動力には驚かされるばかりだが、これには特有の理由がある。まず彼らの多くは日本語を流暢にしゃべれないので、電車の乗り継ぎが不安だ。そして旅先では、お祈りをする場所に困る。電車移動の場合、大阪駅などの大きな駅では祈祷室を設けてくれているところもあるが、ほとんど見つけられないのが現状なのだ。バスを貸し切れば、どこかで停車してもらい、お祈りもできる。

フィカルさんは食事の準備もしっかりしていた。宮島行のフェリー乗り場で広島在住のインドネシア人女性のハラル弁当屋と落ち合い、70人分の弁当を受け取る手はずを整えていた。その弁当屋とは、SNSで繋がったという。会ったことはまだ一度もない。相変わらず、インドネシア人のネットワークには驚かされるし、聞けば、本当に弁当屋か定かではないらしい。もしかしたら主婦が副業感覚でやっているだけかもしれない、そんな人をよく信用できるなと感心する。

私自身、宮島に行くのは初めてだった。鮮やかな紅葉、そしてなにより平安時代のみやびな文化にあこがれを持っていた私は、平家が建立した神々しい厳島神社を拝見するのを楽しみにしていた。インドネシアでも観光地として有名らしく、日本といえばあの鳥居といっても過言ではないほどなのだそう。それを見られるチャンスなのだから、70人が集まるのも無理はない。

のんびりと、なんとなく、でも着実に進んでいく旅

大型バスがロータリーに入ってきた。ドアが開き現れた中年の運転手の表情がインドネシア人の集団を見た瞬間、ピクリと動いたが、彼らがにこやかにお辞儀をすると、運転手はその瞬間に平静を取り戻したようだった。挨拶が警戒心をとくのは、どの国に行っても同じなのだ。

さあ、出発だ。アディさんが、緑色のオモチャのようなかわいいメガホンを使い、バスに乗るように誘導しているが、その間も各々がトイレに行ったり、広場をうろついていたりとまとまりがない。しかし、アディさんは焦った様子は見せない。当初の予定では彼はもう帰国しているはずだったが、コロナの影響で帰国時期が延びていた。彼の呼びかけに促され、のんびり、

ぽつぽつとバスに乗り込んでいくインドネシア人たちの様子を見ていると、宮島行のフェリーに乗り遅れないか、早くも心配になってくる。

近くにいた農家の技能実習生であるワディンくんにしゃべりかけた。遠方に旅行に行くのは今回が初めてなのだという。

「でも、旅行をしないとお金も貯まります」と彼は言い、最近購入したという新型のｉＰｈｏｎｅ12をとりだし、得意げに動画を撮影しはじめた。

静かにはじまっていた、伝説の弁当事件

時間通りに宮島行きのフェリー乗り場に到着したが、その混雑ぶりはすさまじいものだった。乗船チケットはバス会社が人数分用意してくれていたので、スムーズに乗船できそうだ。さて、乗り込もうと歩いているとフィカルさんがスマホを手にし、何度も電話をかけている。

この時、実はとんでもないことが起こっていた。70人分の昼飯を託された例の弁当屋が、約束の時間に一向に現れないのだ。電話に応答はなく、ついにはコールがならなくなった。電源が切れたのだろうか。約束の2時間ほど前に電話をかけると、「ぎりぎり間に合いそうです」と応答があったらしいのだが。まさか逃げられたのだろうか？　そもそも代金はまだ支払っていないので、詐欺にあったわけではないのだが。

しかしこれでは、みんなが腹をすかせたままの旅行になってしまう。せっかくの楽しい時間も、弁当がなければ台無しだ。何度も電話をかけるフィカルさんの表情は、徐々にこわばっていく。電話がつながったのは、乗船時間の直前だった。「弁当ができたので今向かっている」とのことだが間に合いそうもないので、次のフェリーの便で宮島まで持ってきてくれることになった。責任感の強いフィカルさんは、気が気じゃない様子だ。

20分後に宮島に到着。フィカルさんは片手に青い巨大な塊を抱えて歩いていた。100㎡のお祈り用のブルーシートだ。

下船すると、ちょうど乗り場の横に広いスペースがあったので、弁当屋を待つためにも、そこでお祈りをすることになった。他の人の邪魔にならないようにブルーシートを敷こうとしたが、強風でふわふわ揺らぎ、設置するのに時間がかかった。不思議な挙動を周囲の日本人たちが、不思議そうに見ているなかで、ブルーシートの上に70人のインドネシア人がメッカの方向へ向かって仁王立ちになった。ちょうど、瀬戸内海のほうを向いている。

いつものように、アッラーをたたえる言葉を唱え、列をなす人たちが神妙な顔で下を向く。これだけの人数がいたら壮大だ。奥に瀬戸内海と次の出航を待つフェリーがあるのが、なかなかシュール。その時、なぜかシンフォニックなシンセサイザーの曲が聞こえてきた。まるで海に神が降臨したような、ドラマチックなメロディ。イスラム教の旋律ではないし、かなりの大音量だが、周囲を見渡してもどこからなっているかわからない。船の出発音かな?と思ったが、そうでもなさそうだ。

その天から降ってきたような音の演出効果もあってか、まるでアトラクションのようにも見えてきた。彼らの写真を撮る観光客もいたし、手を合わせるおばちゃんもいた。なんだかんだ、日本人は宗教に寛容だなあと思う。それにしても、あの音は一体何だったのだろう？　いままでも謎だ。

彼らはいつもどおりの、祈りをささげていた。敷物が一つあれば、そこは彼らの祈りの場になる。世界中のどこでもだ。

70年に一度の〝幸運〟に、感謝と笑い

お祈りが終わりブルーシートを片づけていると、次の便のフェリーがきた。弁当屋が乗っているはずだが、いくら待ってもそれらしき人は現れない。フィカルさんの表情がまたこわばる。電話をかけると、また不通になっていた。もう正午を過ぎている。これ以上待つと、帰りの便に間に合わないので、空腹に耐えながら宮島を散策しなければならなそうだ。売店はいくつかあるのだが、すごい行列だし、団子のようなものしか見当たらなかった。

ここからは各々、自由行動に。しかし、フィカルさんは相変わらず何度も、何度も、電話をかけている。もはや、旅を楽しむどころではなくなっている。私は「みんな腹減ってないのか

な？」と観察したが、こんな事態に陥っても、だれもイライラしていない。「まあ、しょうがないか」という感じで、焦っているのはフィカルさんだけ。「あの弁当屋、会ったら文句言うね」と、目を血走らせている。

聞けば、今回の旅行のメンバーはフィカルさんの知り合いばかりではない。しかしだれも文句を言わない。女の子たちは、海沿いでポーズをとってセルフィーに夢中だし、プトラくんたちは鹿のえさを購入し、追いかけられてきゃっきゃっとはしゃいでいた。断食に慣れている彼らの辛抱強さ、そして運命を受け入れる力を、今回は弁当を通じてまた知るとは。

「フィカルさん、弁当はもうあきらめて、神社を見に行こうよ」と誘った。今回の旅のハイライトの一つだ。フィカルさんも気を取り直し「私、歴史が好きなんや。神社とか大好きだから、すごく楽しみにしているんよ」と言っている。私たちは空腹のまま、人ごみをかきわけて進んだ。途中で会ったインドネシア人女性にカメラを向けると、赤面し「えー、恥ずかしいなあ」という。しかしいざ撮影が始まると、あれこれポーズをとりはじめ、「これもお願い」と指でハートマークをつくるなど、どんどん要求してくる。「何そのポーズ？」と聞くと「え？　知らないんですか？　韓国アイドルとかがよくやってるでしょ？　ハートですよ」と教えてくれた。「こっちから撮ったほうが映えますよ」とレクチャーもしてくれた。インドネシア人女性はよくわからない。

そんなこんなで、やっと厳島神社が見える場所に到着した。しかし、鳥居はどこにも見えない。「あれ？　ここのはずだけどなあ」とフィカルさん。遠くに建設用の足場が組まれた巨大な建造物があるだけだ。「え？　あれなに？」とだれかがつぶやく。目を凝らすと、足場の奥に、鳥居のようなものが少しだけ見える。

これは…まさか、改修中なのか。ここまできて、それはないだろう。聞いてみればなんと、70年に一度の大改修が行われているらしい。私のイライラも頂点に達そうとしたとき、フィカルさんがこう言った。

「70年に一度しか見られないってことは、一生に一度しかないチャンスってことね。私たちラッキーね」。周囲にいたインドネシア人たちも、あははと笑った。私もイライラするのが馬鹿らしくなったので、一緒にあははと笑った。

厳島神社を見るという唯一の目的を果たしたので、フェリー乗り場へと向かった。そろそろ出発の時間だが、乗り合い所には40人ほどしかインドネシア人がいない。私は心配になったが、引率役のアディさんは、たまに緑色のメガホンを使い、なにやら喋っているだけ。またもはらはらしたが、乗船時間の数分前には全員が集合した。のんびり集まり、のんびり乗船し、次の目的地へ向かう。すべてがなんとなく進んでいく。よく予定通り進んでいけるなと感心するが、彼らなりのルールがあるのだろう。

フィカルさんは、フェリーの中でも弁当屋に電話をかけていた。もう何回電話をかけたのかわからないが、まだ不通のまま。フィカルさんの発信履歴は、弁当屋の番号に占拠されているだろう。「まあええやん。フェリー乗り場におるかもよ」と慰めてみたが、弁当屋は結局現れなかった。フィカルさんの表情は、鬼の形相へ変わっていった。

原爆資料館で発露するムスリムのトラウマ

バスに乗り、原爆資料館へ向かう途中、フィカルさんの電話が鳴った。ついに弁当屋からの着信があったのだ。電話の声は申し訳なさそうに謝罪している。どうやらやっと70人分の弁当が完成したので、原爆資料館の近くまで持ってきてくれるとのことだ。しかし、到着するのは15時くらいだというし、弁当を食べる時間などないだろう。

資料館に到着すると、フィカルさんは急いで待ち合わせ場所に、弁当を受け取りに向かった。「弁当はひとまずバスに置かせてもらって、そのあと資料館に行くわ」という。私は、先に中に入ることにした。

原爆資料館も混雑を極めていた。インドネシア人のなかには、嗚咽をするほど泣く人もいた。みんな神妙な顔で、悲劇を見つめている。

私は混雑が嫌だし弁当を早く食べたいしで、足早に展示を見て、ロビーでフィカルさんを待った。30分後くらいに現れたフィカルさんは私を見つけるなり、「こんなの許せんよ！　なんの罪もない人たちが、こんなことされるなんてひどすぎる！　日本人はもっと怒ったほうがいいんじゃないですか？」と言う。

「もう終わったことだし、日本人もひどいことをたくさんしたでしょ。ずっと恨んでいたら、また戦争が起きるし、忘れるのが一番だったんだよ。」

私の解釈では、同じ過ちを繰り返さないようにこの資料館は存在している。過ちとは原爆に限ったことではない。どんな方法であろうと、人が殺められること、戦争や虐殺への問いを全人類に突き付けるために、ここは存在する。フィカルさんはこう続けた。

「まあ、そうやなあ。でも、あの写真見ましたか？　どこかの、国会みたいな場所に政治家が集まって、拍手しているやつ。あれ、ほんまにほんまに腹立つね。許せんね。原爆の攻撃が成功したことを、みんなで喜んでるんやろ？」

そんな写真があっただろうか？　フィカルさんに頼み、その写真があるところへ連れていってもらった。彼が指さすのは、確かに議事堂で政治家が拍手をしている写真だったが、カラー写真だし、国連の会議のようだ。説明文を読むと、これは核廃絶を目指すことが決まったときの一幕だ。政治家の拍手を見て、まったく違う印象を持ったようだ。

「えー！　そうですか。勘違いしてしまったね。昔な、有名なテロリストをアメリカが殺したやろ？　その時も、政治家が拍手している映像をニュースで見たね。もちろん、テロリストはほんまにひどい人やし、彼の考えにはまったく賛成できないよ。ムスリムへのイメージも、最悪になったしな。でもな、相手がどんな人であっても、人を殺して拍手するのは、おかしいよ。

その映像を見たとき、いやな気分になったんを思い出してしまったんや。」

展示を見て、私はかつてここにいた生活者たちの地獄のような苦しみと無念を思った。フィカルさんもそういう想いで見ていたと思うが、同時にまた違う恐怖ともリンクしたのかもしれない。憎悪の矛先が、いつ自分たちに向かってくるかわからないという恐怖だ。

その恐怖はある1日を境に、彼らの中に明確に芽生え、根付いたままでいる。そう、9・11、ムスリム全員が西洋文明の敵にされた日。

この日は私にとっても大きな転換点となった。私は、あるムスリムの友人を思い出した。彼との別れが、いま私がフィカルさんたちを取材している理由なのだ。

イギリスで迎えた9・11と、消えた友達

私はそのころ、イギリスの田舎町にある国際色豊かな大学の寮に住んでいた。いまでも克明に、あの日のことを覚えている。薄暗いリビングにあるブラウン管のテレビを、インド人のサラ、イスラエル人のデビッド、中国人のジェフ、スペイン人のペドロ、イングランド人のベン、パキスタン人のアブで、見入っていた。何度も繰り返される、飛行機が巨大なビルに吸い込まれる瞬間の映像を、私はまるで映画のような、現実味のないものとして受けとっていた。しかし、イスラム教徒が身近にいるヨーロッパやインドで生まれ育った彼らには、他人事ではなか

った。このなかで唯一ムスリムでパキスタン人のアブは、私の席の前でピクリとも体を動かさずに、座っていた。アブは坊主頭にくりっとした目の、物理を専攻する優秀な男だった。彼はサッカーを愛し、特にリバプールを熱狂的に応援していた。私がこの寮に越してきてから最初に話しかけてくれたのもアブだったし、中田英寿のファンだという彼とはサッカーの話をよくした。気のいい、よく笑う青年だった。

ニュースでは、眼鏡をかけたコメンテーターが感情的にしゃべり続けていた。私たちは、無言を貫き、互いに目さえ合わさなかった。感情をできるだけ表に出さないように、まるで時が止まったかのように、悲しみに暮れるアメリカ人へのインタビューを聞いていた。その直後、アメリカ国旗を燃やし、踏みつけ、半狂乱で喜びの声をあげる集団が映った。アラブのどこかの国の映像だった。

だれかが急いでテレビを消した。私以外が全員、無言で立ち上がり、一言も言葉を交わさず、目もあわさないまま、各自の部屋へ戻っていった。多国籍多宗教の友人たちが暮らす小さなコミュニティーのなかで、どうすれば波風が立たないか、だれもがニュースを見ながら考えていたのだろう。彼らの振る舞いは、イスラム教に無知であり国際問題と縁遠い島国から来た私に、強烈な衝撃を与えた。あまりに多くの情報量がのしかかった重い沈黙は、私から立ち上がる気力を奪い、複雑にもつれた歴史の糸がこの世界に存在する事実を、私に突きつけた。あの悲惨すぎる現実を見て、悲しむ人と喜ぶ人が、この世界に同時に存在すること。ニュースに映るアメリカ人への感情移入はできたが、アメリカ国旗を燃やした人々には感情移入ができないことを不思議に思った。どんな心情や過去をもってあのようなことをしたのかは、その時の私の未熟さでは、理解がまったく及ばなかった。

やっと自室に戻る途中、ある部屋からすすり泣く声が聞こえてきた。アブの部屋だった。私は少しでも慰めたくてノックしかけたが、思いとどまった。あの時、席を立ったみんなが貫いた無言の意味を、大切にしたいと思ったのだ。しかし、いま思えば、それは大きな間違いだったかもしれない。

次の日から寮の友人たちは、なにごともなかったかのように日常を取り戻した。アブにも、だれもがいつも通り接するように努めていた。しかし、何かがちぐはぐだった。それからの数日間、彼の部屋の前を通ると、泣き声が聞こえてくることがあった。彼は一度だけ、リビングでみんなに見えるようにお祈りをした。なぜそうしたのか私にはわからないが、それが初めて見たムスリムの祈りの現場だった。いま思えば、あの祈りは何かの決意だったのだろう。アブは、祈りにどんな思いをひそめたのだろうか。

その後、一時的に私は寮を離れた。ロンドンでしばらく過ごし、ひと月後に寮へと戻った。すると、アブは寮から消えていた。大学からも消えていた。だれに聞いても、その行方や消えた理由はわからなかった。当時はSNSのない時代、それはほぼ永遠の別れを意味していた。

私は強いショックを受けた。あの時、慰めるべきだったのではないだろうか。それができたのは、イスラム教と縁遠い国から来た私だけだったのではないだろうか。この一連の出来事は、あまりに難解な問いを私に突きつけた。

同じ人間なのに、同じものを見て、感じ方が大きく変わる。人間が一方向からしか世界を認識できないのならば、文化や信仰が違うもの同士の共生は可能なのだろうか？　この小さな寮や大学の中でさえ、遠いアメリカで起きた事件のせいで、関係性に変化が起きたのだ。そして、一人の青年が、消えた。その経緯を見て、ネガティブな感情や疑心は、簡単に伝染していくのだと知った。

私は当時、時折差別を受けていたが、やがて私の中にもイギリス人への憎しみが芽生えてしまうのかもしれないと思うと、怖くなった。私は白人文化を心の中で否定することで自らのプライドを保とうとした。少し足元が狂えば、憎しみの海へ落ちてしまうような、細い綱を歩いている気分だった。私は絶対に、そこへ落ちたくなかった。その葛藤の中で、異文化との共生、多様性を維持することは、生易しいものではないことを悟った。私は綱から落ちる前に、周囲をフラットに見る努力をした。さまざまなイギリス人がいることを理解し、レイシストは一部であることに気がついたのは、考えるきっかけをくれたアブのおかげでもある。

あの日を境に、イスラム世界と西洋社会との対立構造が無理やり確立され、市井のムスリムまでその枠に押し込められた。悲劇は何度も繰り返し起き、アフガニスタンやイラクへの空爆と侵攻、ＩＳの誕生や、イギリスやフランスでのテロへとつながっていく。ムスリム＝「近代化できない人」「女性蔑視」「テロ」という固定観念がさらに強固になっていく世界で、アブは今何をしているのだろうか。

その後ニュージーランドにいた2014年ごろ、仲良くなったサウジアラビア人たちは口をそろえ「あなたたちが、私の宗教を悪いものだと思っていることを知っている」と、寂しげに言った。アメドという名の16歳の少年は、カフェで出会った欧米人女性に「あなたたちの信仰は尊敬できない。捨てるべきだ」と急に詰め寄られ、何も言い返せず涙していた。ムスリムの友人たちの顔が浮かぶ。砂漠の詩吟をよく披露してくれたアブドラ、なぜかエロ画像を毎日送ってきたファハド、実家でライオンを飼っているモハメド。個性的な彼らは固定観念に苦しんでいた。私自身もまた、知らぬ間に植え付けられていたムスリムへの固定観念と闘いながら、フィカルさんや仲間のリアルな姿を追っている。

やっと手に入った弁当。私の決意と彼らの未来

さて、いろいろと思い出して考えると、余計お腹がすいた。ちょうど資料館の出口の前にフィカルさんがいた。彼は申し訳なさそうにビニール袋を渡してきた。中には弁当が入っている。白米と焼いた鳥肉、それだけの簡素なものだった。

「やっと弁当が手に入ったね。ごめんね」とフィカルさん。遅延の理由は、家庭用の炊飯器

が1個しかなくて、一度に5合分の米しか焚けなかったことだった。70人分の米を繰り返し炊く姿を想像し、私は唖然としたのだが、フィカルさんが「もっと大きい炊飯器を買ったほうがいいよ！って言ってやったね。でも、まあしょうがないね」と納得しているのにも、唖然とした。それより、前日から仕込んどけよと思うのだけど。そんなこんなで、もうX市へ戻る時間を迎えていた。すっかり運転手とフィカルさんたちは仲良くなっていて「すごいドライビング・テクニックですねえ」と褒めたたえている。私は、冷えて味気のない弁当を食しながら、またアブのことを思い浮かべていた。

香川県に戻ったら、また寄付活動が始まる。あと1100万円。かなりの高額だが、もうゴールは少し見えてきている。彼らの軌跡を、最後まで見守ろう。そう思いながら、弁当を完食した。

第16話　モスク完成と聖なる出発点

バス旅行の効果で、スピードアップ

2020年の11月下旬、ふたたびコロナの感染が拡大していた。しかしKMIKは活気づいていた。このバス旅行でまた一体感が高まっていったのだ。若いインドネシア人たちがバスを借りてスキーに出かけ、その際にカンパもしてくれたようだ。

家賃、貯金、生活費、来日費用の返済、家族への仕送りがある中でも、友人たちで貯めたお金をわざわざ持ってきてくれる人もいた。また、プトラくんがインドネシア人介護士のコミュニティーへと呼びかけていた寄付は、200万円近くに達したようだ。近く、それもKMIKの通帳に振り込んでくれる。当初は少し頼りなかったプトラくんも、自分で考え、自分で行動を起こすようになり、フィカルさんの頼れる相棒へと成長を遂げた。一方フィカルさんも、インドネシア人コミュニティーやモスクのリーダーたちで構成されたグループチャットだけでなく、会ったことのない相手にも寄付のお願いをメールで送っていた。本来「人にお願いごとをして迷惑をかけるのは嫌だ」という質なので、こんなことはしたくなかったというが、そうは言っていられない。モスクの夢を追いかける中で各々が殻を破り、人間としても大きくなっていた。週に一度、アルムが集まった金額を円グラフにし「目標まであと○円」とSNSで発表し続けたことも、かなり効果があったと思う。

「最初は2週間に一回でもいいかなあと思ってたけど、兄さんに1週間に一回にしてって言われて。効果があがりました。」

彼らの奮闘を示す円グラフが共感を呼び、全国のインドネシア人ムスリムたちの一体感が増していったのである。週に一度の発表を楽しみに待つ人も多くいたはずだ。モスクをつくるという目標自体が、新たな人間関係の構築の役割を果たし、モスクが誕生する前にすでに新たなコミュニティーの礎が完成しつつあった。インターネットを介すことで、場所や時間の概念も超える現代的な関係の構築方法は、非効率的な行脚や寄合を繰り返す生の関係性が下支えするのだ。このころには、通帳は5冊目に突入していた。ということはざっと見積もると、800回の振り込みがあったということになる。

この時期、別れもあった。フィカルさんの家によく遊びに来ていた女性のジェマさんが、技能実習の期間を終えて国に戻っていった。パンデミックの最中、それでも人は移動をする。フィカルさんは今まで何人の友人を送り出していったのかわからないが、別れのたびに涙を我慢できないのだという。出発の前日、ジェマさんがフィカル家にきてインドネシアの唐揚げを作ってくれることになった。インドネシア到着後はしばらくホテルで隔離されるが、その宿泊代が高いと嘆いていたジェマさんに、フィカルさんは「餞別」を渡した。夜になり、フィカルさんがジェマさんを家まで送ってあげるとき「フィカルさん泣かないの?」と聞くと「夜やから、泣いても見えないから大丈夫ね」と、演歌の歌詞みたいなことを言う。肌寒い夜、星空の下で、彼は今日も昭和的な世界に生きている。

美しきアラブのメロディー――コーランの読み方は、ひとつではない

12月になるとフィカルさんは新たな一手にでた。ムスリムに改宗してイマームとなった日本人であり、千葉イスラーム文化センター理事長の杉本恭一郎先生と、その奥さんのインドネシア人女性を、香川県に招聘するという。KMIKでは、月に一度の寄合の日に、さまざまなイマームを呼んで話をしてもらう。せっかく日本人のイマームがくるということで、高松市内の本屋ルヌガンガでイスラム教についてのお話会を開いてもらうことになった。フィカルさんも、日本人にイスラム教を理解してもらえるチャンスだと喜んでいたし、これで日本人と交流もできる。

しかし、この時期またコロナの感染拡大が悪化していた。多くの店が自粛をする中で、私は本当に、本屋でトークイベントを開いていいものかと悩んだ。杉本先生は千葉にお住まいだ。本屋のオーナーに相談すると、少し悩んだ様子を見せたが、OKをくれた。だがもしイスラム教関係のイベントでクラスターが起きたら、フィカルさんたちが世間から叩かれる可能性がある。フィカルさんにも相談してみると、少しイライラした様子で「やめるならやめても大丈夫です。でも次の日のKMIKの集まりには、先生に来て話してもらいます。それは、ぜーったいに、やめません」という返答だった。

どうやらこの時、KMIK内でも、本当に先生を呼んでもいいのか議論が起き、アルムやアディさんたちが難色を示していたようだ。しかしフィカルさんは、それでも譲らなかった。結局、本屋でもお話会を開催することにし、デザインが得意な井上が日本人受けするポップなチラシを制作した。

12月19日。香川県に到着した杉本先生も奥さんもやわらかで、ざっくばらんな人柄だった。フィカルさんとプトラくんは、先生夫婦を栗林公園と玉藻城という高松市の観光スポットへ連れて行った。2人とも、喜んで写真を撮りまくっていたので、安心した。

肝心のお話会には15人ほどの非ムスリムの参加があり、杉本先生が基本的なコーランの内容を話してくれたあともたくさんの質問や意見が飛び交う、意義のあるものになった。特に夫婦喧嘩をした際に、コーランの教えを読んで妥協点を探すという話は盛り上がった。会の最後に、先生の奥さんがコーランの一節を歌ってくれた。アラビア語のあまりに美しい響きに息をのんだが、その後の言葉にさらに痺れてしまった。彼女は流暢な英語でこう言ったのである。

「コーランのメロディーは人によって読み方が違います。また、それと同じように、コーランに書かれている内容の解釈も人によって違う部分があるのです。」

コーランはムスリムにとって絶対的な真理だが、その内容は詩的でもあり、解釈の余白が存在する。さらに文脈を理解せず、意図的に一部の言葉をとりあげることで、意味合いは変わる。なぜ「平和の宗教」であるイスラム教の教義が、テロにも繋がることがあるのかという、私たちがイスラムを理解するうえで最も重要なことを、粋な方法で教えてくれたのだ。お話会が終わったあとも、そんな先生と奥さんの人柄に惹かれ、参加者はなかなか帰らなかった。

ある女性は奥さんと手を繋ぎながらゆっくり話をし、抱きしめあうことで、お互いを支えあっていた。みんな不安なのだ。先行きの見えないパンデミックの時代に、よりどころが多様にあること、その豊かさ。まさに私が感じたことが、ここでも起きている。フィカルさんも日本人とSNSを交換したりご満悦のようだ。

翌日はインドネシア人の集まりで先生が話をした。先生はインドネシア人に人気だとは聞いていたが、話が終わった後は、一緒に写真を撮影したいと、次々とお願いされていた。イスラム教に国籍は関係ないのだなと感心する。民族や国籍などの些細なバックグラウンドよりも、現在その人が何をしているかが大切なのだ。先生は千葉に戻ったあと、すぐに多額の寄付をしてくれただけでなく、全国のインドネシア人ムスリムへ寄付を呼びかけてくれた。そのおかげで、全国からの寄付もまた増えはじめ、12月下旬には2500万円に達した。フィカルさんが、リスクも承知で先生の招聘を中止しなかったことが功を奏したのだ。

もうすぐだ。モスク建立が、もうすぐ結実する。だれもが無理だと思っていたその夢が、現実になろうとしている。

喜びと同時に、心の奥底に鍵をかけて隠していた感情が、時折顔を出すことがあった。9・11以降、気づかぬうちに植え付けられた疑心の種は、私の中にも存在していることを実感し、芽吹かせないための調教を自分で繰り返した。「もしも、モスクがテロの温床になることがあったらどうしよう」。その根拠の薄い惑いを、なかなか頭から消すことができない。フィカルさんたちが、そんなことをすることはないと自信をもって言えるのに、この感覚はなんなのだろう。情報が脳に与える影響の大きさに私は恐怖を抱いた。

ついに契約へ。分厚い札束を持ち、石野不動産へ

2021年を迎えた。香川県は例年に比べ、温かい冬だった。私は初詣に出かけたとき、手を合わせ家族や友人の平穏と「モスク建立がうまくいきますように」と、神前の祈りの中にひそめた。一方、彼らは日々の祈りを繰り返した。寄付の集まり具合が気になってしょうがない

だろうが、浮足立つことなく、運命に身をゆだねていた。

1月は、別件で忙しく、彼らと会う機会が減っていた。フィカルさんも、できることは全部したので、あとは寄付が集まるのを静かな日常のなかで待っていた。コロナで買い手がつく見込みがなくなった建物の値段を、2800万円に下げてくれたという、よい報告があったのもこのころだ。1月中旬に寄付の総額を聞いたときは、2600万円だった。通帳は6冊目に突入していた。振り込みは約1300回あったということだ。

あと200万円。ここまでくると感覚がおかしくなるが、200万円だってすごい金額だ。まだもう少し時間がかかるだろうと思っていた矢先の2月、何気なくSNSを見るとアルムの投稿が目に入った。私は驚いた。週に一度発表していた円グラフの色が、真っ赤に染まっている。英語で「目標金額に達しました！ ありがとうございました！」と書かれていたのだ。拍子抜けした。あっけなさすぎる。もうひと悶着はあると思っていた。急いでフィカルさんに連絡すると「そうね。ついに貯まりました」と言うだけだ。

もっと感動的に喜びを爆発させたり、感涙にむせぶのかと期待していたのだが。嬉しくないのか？と聞くと「まだまだ安心できないね」と、まったく浮かれていない。「できるだけ自慢しない」という謙虚さを大切にする宗教だからという理由もあるだろうが、彼には最後の大仕事があり、疑心暗鬼に陥っていたのだ。実は数日前から、「契約の時に騙されないか」と心配していたのだ。

「外国人だからわからないだろう」と、給料を約束通り支払われなかったり、貸した金を返してもらえなかったりといった不信の記憶が、シビアな状況下で彼の脳裏をはいずりまわっていたのである。石野社長はそんなことしないと安心はしていた。だが不動産の売買は日本人でも理解しづらいことが多いし、ましてや自分のお金ではないので、プレッシャーの重さは計り知れないものだったはずだ。

そして迎えた、2月13日の15時。石野不動産の前でビジネスマン風の手提カバンを持ち、奥さんと立つフィカルさんの姿があった。その日はあまりに寒い日だったので、私と奥さんと井上は駐車場で集合し、すぐに不動産屋の中に入った。しかし挨拶をしても、反応がない。重い沈黙が流れたが、しばらくすると「ドタドタドタ！」と、大きな音がして奥の階段から石野社長が降りてきた。彼も珍しくスーツ姿だ。

初めて通してくれた2階への階段を上がると、奥のソファに不動産界のドンである近藤社長が鎮座していて、その横に今回の物件の契約のために動いてくれたという石野さんの先輩もいた。

「いやー、よく貯めたねえ。すごすぎるわ。」

本格的に寄付を募り始めた昨年の8月には、こんなに早く実現するとはだれも思っていなかったと、社長たちも心底驚いている。井上は、歴史的契約の瞬間を撮影しようと準備を始めた。

パンデミック中にインドネシア人コミュニティーを追いかけ、モスク誕生の契約を撮影した異教徒は世界広しといえど、きっと私たちだけだろう。

この日は契約書をまとめサインをするが、また後日に銀行で集合する。物件の持ち主を加えたこのメンバーが立ち会い、その場で持ち主の口座に送金する手順だ。フィカルさんは彼らと対面するようにソファに座り、カバンから分厚い封筒を2つとりだしてテーブルに置いた。その中には270万円の札束が入っていた。10センチくらいの厚みはあるだろうか。札束の枚数を数える機械にいれると、モーター音と札がこすれる音が室内に響く。「しっかり270万円あるね」と、ドンが機械の目盛りを確認した。これは手付金だ。通帳を見せ、資金がたまったことを確認してもらい、契約書に押印とサインをしていく。

一般社団法人の「KMIK」のハンコを押したあと、フィカルとカタカナで記す。その繰り返しが書類6枚で行われた。ハンコを押すたびに、これまでの苦労や事件を思い出す。家族や子供との時間も犠牲にし、レッドブルを頼りに休みなく動き回ったあの長大な時間と労力を思うと、たったこれだけで契約に至るのが不思議に思える。

「お疲れ様。あとは銀行に行って、持ち主さんがいる前で代金を振り込めば、終了。あと、もう少しだね。」

その日程に3月1日を提案されたが、フィカルさんは「いやそれじゃ遅すぎるね、2月の早い時期に契約したいね」という。

「3月中にメンバーのうちの2人が帰ってしまうけん。絶対それまでに完成させて、そこでお別れ会したいね」。

KMIKきっての人格者であり、功労者であるアディさんは今年の3月に帰国すると言っていた。「私がいるうちに完成しなくても、いいですよ」とアディさんは語ってはいたが、フィカルさんはみんなで喜びを共有したいのだ。

ついにきた待ち焦がれた瞬間。まさかの代筆の重み

2021年、2月23日の午前11時。香川県にモスクが誕生する日である。私は、銀行での送金の際の通訳として、ついていくことになった。X市の小さな銀行の中に入ると奥のドアが半分開いており、そこに石野さん、近藤社長、他にも3人ほど見知らぬ日本人がいた。ソファに座り談笑しているが、フィカルさんだけ沈黙を守っている。私が座ると、そのうちのひとりの男が名刺を差し出した。司法書士だという彼が書類の諸々を手伝ってくれる。対面に座る初老の夫婦が建物の持ち主らしい。

フィカルさんの顔を見ようともしないどころか、一度も会話をしなかった。石野さんが場を取り仕切り、購入への説明が始まった。購入後にかかる税金の話になると、フィカルさんは少し怪訝な顔をし「それはなんですか？」と聞く。インドネシアではそんな税金はかからないので、不審に思ったようだ。本当に、海外で物件を購入するのは大変だ。

やっとすべての手続きが終了し、ついに持ち主への送金の瞬間が訪れた。銀行員が3枚の振り込み用紙を持って部屋に入ってくる。「振り込み代がかかるからね」と石野さん。「いくらですか？」と聞くフィカルさん。880円という安値だったが、不信感を抱くフィカルさんを気遣ってか、石野さんの先輩が財布から無言で支払ってくれた。しかし、ひとつ事件が起きた。振り込み用紙には代金だけではなく、住所も書かなければいけない。フィカルさんは漢字を書くのが苦手だ。なので私が代理で、住所や連絡先、金額を書くという大役を任されることになってしまった。「岡内さんに書いてほしい」とフィカルさんにも懇願されたので、断るわけにはいかない。

これまでの苦労を知る私は、緊張で手元がこわばった。7人のおっさん達が私の手元を注視する中、まず1枚目には230万円と記入。これは建物代だ。2枚目には、150万円。これは不動産屋さんたちに支払う手数料。さらに住所と名前を書き込む。そして、ついに3枚目の土地代の入金へ。2300万円と、用紙に書き込むときがきた。私は息を飲んだ。ペン先を落とす。集中しているからか、インクがペン先から染み出ていくのがわかった。これはただの数字ではない。全国のインドネシア人や、ムスリムの純粋な信仰心の集合体だ。ＫＭＩＫのメンバー、フィカルさん、会ったことのない技能実習生達が、パンデミックの最中、限られた給料から頑張って貯めた想いが、背後にある。

手が震えた。ペンが重い。私は、これまでにない圧と、慎重な筆致で数字を書いた。イギリスのテレビで見た9・11の光景から20年、あの時の強烈な体験が頭をよぎる。そして、最後の2という数字を書き終えたその瞬間、拍手が起こった。

「おめでとう。これでフィカルさんたちのものです。モスクができたね。ほんとに、ほんとに、お疲れ様」と石野さんがカギが20個ほどついたキーホルダーをくれた。

近藤社長、先輩、銀行員まで、拍手した。私はミスなく書ききったことに安堵し、肩の力が抜けた。フィカルさんは、まだ実感がなさそうに、ふふふと笑みを浮かべ「ありがとうございます、社長たちのおかげね」と、握手を交わした。

石野さんも大変だっただろう。不安定な社会の中、不動産界のドンとインドネシア人の間に挟まれ、意見のすりあわせをするのに、気をもんだはずだ。よく付き合ってくれたものだ。私とて、世俗と信仰が地続きの彼らの金銭感覚や計画の進め方に、最初は戸惑った。このモスク誕生は石野さんの我慢と忍耐のおかげでもある。

私は銀行の外に出て、大きく背伸びをした。まさか代筆するとは思いもしなかった私に、石野さんは「来てくれて助かったわ。じゃ、またね」と言い残し、ママチャリで会社に戻っていった。

夢の成就——そして、念願の初祈り

ファミレスのドリンクバーでコーヒーを飲み、定食を食べる。何回繰り返したかわからないことだ。私たちはお互い、放心状態になっていた。フィカルさんは、珍しく無口だ。疲れ切っていて「普段使わない言葉ばかり。頭痛いね」とつぶやいた。次々とメールの着信音が鳴る。KMIKの仲間達からだろう。グループチャットを見せてもらったが、インドネシア語と感涙の絵文字が、いくつも並んでいた。

「なんて書いてるの？」と聞くと、「兄さんの夢が叶うねって」

「夢ってなに？」

「寄付がうまくいかんで、しんどい時に、みんなに言うたんや。これだけいいことしたら、みんな天国行けるね。みんな技能実習生や学生だから、そのうち離れ離れになるけど、みんなで天国で会うのが夢やって。」

そう言って、フィカルさんは、下を向いた。

「岡内さんもそうよ。死んだ後も天国行けるように、いつも祈ってますよ。そしたら、あっちでも遊べるやん。」かってここまで私のことを祈ってくれた友人がいただろうか。天国があるかはわからないが、私は救われた気がした。私も笑って死ねるかもしれない。

フィカルさんは、徐々に抑えていた感情がこみ上げてきているようだった。「やっと実感が湧いてきたね」と、いつもの柔らかな憎めない笑顔を見せ、ぺらぺらとよくしゃべりはじめた。そして私を見つめ、こう言った。

「モスクに行きましょう」

さらっとでてきたこの言葉。存在していなかったモスクが、いまこの一言で、香川県に生まれたのだ。

フィカルさんの車に乗り、モスクへ。駐車場に停めて玄関へと向かい、もらった20個ほどのカギを一つひとつ試していく。これでもない、あれでもないと5分くらい試すとやっとドアが開いた。一階はがらんとした倉庫のような大部屋、2階は小さなキッチンやトイレなどがあり、その奥に長方形の元事務所がある。白い壁の無機質な部屋を見て、少し湧いたモスクが生まれた実感がまた消えた。相変わらず世俗的で、神々しさのかけらもない。だがフィカルさんは気にも留めていない。

「私ね、初祈りはひとりでしたいって決めとったんや。ほんまは、みんなでしたほうがいいってわかってるけどな。これだけ頑張ったんだから、みんな許してくれるね。」

フィカルさんは2階のがらんとした事務所だった部屋に向かい、祈り用の絨毯を前方の左隅、窓際に敷いた。日暮れの時間。夕日が窓からさしこんでいる。私は隅っこに座り、フィカルさんが足や手、顔を水で浄化するのを待った。部屋に戻ってきたフィカルさんは、顔と髪、足やひじをほのかに濡れさせたまま、見たことがないくらい爽快な笑顔だった。これがやりきった男の顔か。眉と目じりをたらし、澄み切った眼をしている。

堂々とした歩調で絨毯の上へと歩き、メッカの方向へ向かい、祈りが始まった。私は隅っこに座り、静かに見つめた。そのオフィスはアラビア語の詩句と、夕暮れの光に美しく輝いた。

ビスミッラーヒルラハマーニルラヒーム（慈悲あまねく慈愛深きアッラーの御名において）アルハムドゥリッラーヒラッビルアーラミーン………（万有の主、アッラーにこそ凡ての称讃あれ）………

ゆっくりと時間が流れ、夕日の閃光がだんだんと窓の下に落ちていき、夜更けに近づいていく。たった5分ほどのお祈りだ。だが、その間にも太陽や地球や月は宇宙の法則のうえで動いていることを感じさせる。彼にいま、どんな感情が去来しているのだろう。いつもの祈りとは何か違うものがあるのだろうか。どれほどの尊敬と感謝を神に示すのか。私には想像がつかない世界だ。

アッラーアクバル（神は偉大なり）

その言葉の後、絨毯に座る男がひとたび額を床につけた瞬間に、私は稀有な空間の変容を見た。世俗的なオフィスが、ゆっくりと聖のベールをまとっていくように見えたのだ。やわらかで羽衣のようなベールとともに、生々しい神の気配を感じた。私が見てきた2年間の軌跡が、この祈りの意味を重厚にしたのだろう。しかし、本当にここが聖なる場所に変わったと感じた。信仰に荘厳な建物は必要がないのだ。信仰の純度が高ければ、それがどこであっても、信徒を救い、導く場所になる。１００年後、２００年後、さらにその先、次々と人が入れ替わりながらここはモスクとして機能し、祈りが蓄積され、神の気配が強まっていく。その歴史はある男の祈りから始まった。私はその聖なる出発点を見ていた。

思い起こせば、私にとってもこの2年間は多難な時期で、パンデミックの不安や恐怖に飲み込まれそうにも何度かなった。そんな時、彼らの世界と日本社会を自由に往来する特権を持っていた私は、幸運だった。その世界には現状をねたまず運命を受け入れる柔らかさがあった。

浮足立つ世界とは対照的に、いつ訪れても変わらない価値観があり、心の安定をもたらしてくれた。困ったときに機能する富の分配が織り込まれた社会が生む善意の連鎖は、私のさび付いた心も浄化してくれた。それらを経験し、恐怖を乗り越えられたことは間違いなく、文化的多様性がもたらしてくれた恩恵だ。彼らが母国のモスクや家族というコミュニティーの中で、育んできたものに私は助けられたのだ。それは井上も同じだろう。そう思えば、このモスクにムスリム的な価値観や知識が蓄積されていくことは、日本人にとっても価値があるものだ。

彼が祈りを終えたころ、すっかり太陽は沈み、漆黒の闇が近づいてきていた。私たちは目を合わせ、訳もわからず思いっきり笑いあった。私は彼の肩をポンポンと叩いた。彼も私の肩をポンポンと叩いた。外に出るとフィカルさんの奥さんがいた。これからモスクの周囲に数軒ある民家に、菓子折りを持ち挨拶に行くのだという。私はその様子を遠くから見守った。対応した家人たちは、みな特に怪訝そうな表情も見せず、菓子折りを受け取り、かわりにみかんをくれた人もいた。

みんなでつくった場所で、涙の別れ

ＫＭＩＫがモスクの物件を購入したニュースは、全国のムスリムコミュニティーに知れ渡った。溶接工がリーダーの小さなコミュニティーが、たった6ヶ月ほどで、しかもパンデミックの最中に、2600万円を集めた奇跡。その異例のスピードに、驚きとお祝いの言葉がKMIKに届いた。そしてそのリーダーであるフィカルさんは、今度は各地でモスク建立を目指すムスリムたちから相談を受ける立場になった。フィカル家に愛媛のインドネシア人ムスリム・コミュニティーのリーダーや中心メンバーが教えを請いに来たのは、その数日後だ。リーダーは女性で、大学の教授として日本で暮らしている。その他のメンバーは、まだ若い留学生のようだが、大学に通っているのでかなりのエリートだろう。2年前に私は初めて、この場所でフィカルという男と出会い、そしてインドネシア人コミュニティーの宇宙に突入した。あのとき「人前で喋ると手が震える」と言っていた溶接工が、経験を伝えている。

あれから2年か。あの日私がここを訪れた時、まだモスクができるなんて微塵も思っていなかった。堂々と、相談にのるフィカルさんを見ていると、私まで誇らしい気分になった。

数日後にモスクに行くと、1階の床が水浸しになり、泡だらけになっていた。数人のインドネシア人がモップをもってかけまわっている。その日はKMIKのメンバーが主体となり、建物の床や壁、トイレ、窓をきれいに掃除していたのだ。呼びかけもしていないのに、40人くらいは掃除に参加していたであろうか。幸福な時間が流れ、掃除でさえ、楽しんでいるようだった。プトラくんも、アルムも、アディさんたちも、晴れやかな顔で窓を拭いたり便所掃除をしている。こんなに解放感がある掃除の風景を初めて見た。そして会う人会う人が、握手をし、抱き合い、喜びを共有している。

掃除が終わったころ、フィカルさんは、中心メンバーを集め、分厚いファイルをどんと床に置いて、物件購入に関わる領収書の束を、アルムに渡した。彼女は小さなノートを広げ、何やら数字を書きこみ、そして通帳の減額分と合うか計算していく。領収証の内訳を、細かく質問されるフィカルさんは「うーん、何だっけ?」と記憶をたどるがでてこないようだ。私も含めたおっさん2人が首を傾げている横で、アルムさんが「あー、これは税金ですね」と言うと「へへへ、アルムさんさすがね。しっかりしてるね」と、後ろ頭をぼりぼりかく、フィカルさん。

「よし! コンプリート! 合いました! 皆さんお疲れ様でした!」とアルムの一声に拍手が起こった。この光景を見て、フィカルさんは人に恵まれているなあと、さらに思った。時に暴走し、突き進むリーダーと、冷静に舵をとるメンバー。そしてボスを崇拝する純朴な右腕。何があってもフィカルさんを応援した女性たち。本当に、みんなの力でこのモスクは生まれたのだなあと思う。

それからしばらくして、3月の下旬にアディさんの送別会をモスクで行うことができた。アディさんは最後のスピーチで涙ながらにこう言った。

「本当にモスクができてよかった。私はずっと忘れません。そしてみんなにお願いがあるのですが、これからモスクを維持するのは大変なので、お兄さん（フィカルさん）のことを、信じて、応援してください」と。その時、参加者の全員が涙を流していた。もちろんフィカルさんもだ。アディさんとの別れへの悲しみも涙の理由だが、初めてモスクを利用したことで、自分たちが成し遂げたことを実感したのだろう。

初めてのモスクでの寄合の理由は、友人を送り出すことだった。4月。初めてのラマダンの月には、週に一度は夜になると20〜30人くらいが集合し、みんなでご飯を食べた。宗教的なことを語るのでもなければ、何か企てをするためでもない。ただ食事をわけあい、空腹を満たす喜びを共有していた。コロナの感染拡大もあり、時々行う限定的なイフタール（断食後の食事）だったし、最終日の盛大なお祭りは開かれなかったが、それでも十分幸せそうだった。

2年間の文脈に見るモスクの存在意義

さて、私はこの取材のゴールに設定した「モスクがなぜ必要か？」という問いの答えを見つけられたのだろうか？　１４００年前から続く宗教の聖なる建造物の存在意義の理解は、あまりに難解で、摑む藁さえ見つからない状態が続いた。私なりの考えは、本書中にもいろいろ書いたが、もう一度考えてみる。私の主観としてとらえてほしい。

当初は幼いころから慣れ親しんだ宗教的な集団礼拝所をつくることで、郷愁を埋めたいのだろうくらいの認識だった。もちろんそういった一面もあるが、非イスラム教徒が圧倒的マジョリティーを占める文化圏でモスクを建立することは、また違った意味を持つことに気づいた。

一つ目は、自分たちが何者かを証明するためのモニュメントとなるということだ。時に透明人間のように扱われ、時に奇異の目を向けられ、時にテロリストだと敬遠される自分たちもこの国の仲間だと認めてもらいたいという、つつましい希望が、この建造物にはこめられている。

そしてコロナが炙り出した、彼らの互助意識の高さと見事に築かれた助け合いのシステム。それを維持し、後世に残すためには、モスクが必要だ。モスクでの体験が育む精神性は、相互依存を肯定する。人間の手には届かない圧倒的な存在へと集団で祈りをささげ、帰依を示すことで、人は依存しあわなければ生きられない動物であり、不完全でもろく、虚弱であることを確かめ合える。考えてみれば、私たちの生活は必ずだれかの犠牲や努力が背後にある。食物、水、電気、衣服、身の回りにあるものすべてに、目に見えないだれかが関わっていて、相互依存の上で成り立っている。その実感の欠如は人間中心的な思考と、個人主義や自己責任論の栄養源となる。

だからこそ、助け合い、分け合い、許し合うことで共同体を維持していかなければならず、その方法を、イマームの語りやコーランの言葉、信徒たちの実践から、内面にしみこませていくのだ。イスラム教は、聖と俗の境界線が、薄い宗教と言われている。相互依存を礎として形成された善意の循環システムは、モスク内だけではなく社会にも実装されていく。特にやとわれの労働者が多いインドネシア人ムスリムにとって、モスクは不測の事態の生命維持装置になるのだ。

モスクはテクノロジーと出合う前にあった人間らしさ、普遍性を保存するための貯蔵庫のようだ。人との関係性を良好に保ち、集団で力を合わせなければ、生きていけなかった時代の、知恵。コスパや生産性などという一時の軽々しい流行の言葉では、説明できないもの。それを残し、実践してくれていることは、私たちにとっても、ありがたいことだ。

1400年かけて耕してきた人間関係の土壌は、ふわふわと柔らかい。2015年1月にパリで起きた過激主義者によるテロ事件の主犯格だった兄弟は、子供のころにシングルマザーだった母親が自殺したが、親族や地元モスクの信者とは関係をもっていなかったことで、社会からこぼれ落ち、疎外されていた。しかし、もしモスクを中心とした、ムスリムコミュニティーに属していれば、互助システムが発動し、暴挙にでることはなかったかもしれないとも言われている。過剰な思想や自己破壊衝動は、疎外や孤立、満たされなさ、欠落感が生成する心の空洞にするりと忍び込む。その構図は日本社会も同じだ。特に、コロナ以降に臨場感を増したこの課題を乗り越えるために、ふわふわと柔らかいコミュニティー形成にたけた隣人がいることは心強い。

ムスリムは、日本社会と共生できるのか

もうひとつ。モスクを通じて、日本社会との懸け橋になるという目標が、フィカルさんにとってのモスクの存在意義だ。これから日本国内のムスリム人口は増え続けるだろう。日本を支える労働力は、世間が思っているよりも、外国人技能実習生に依存していて、その状況は加速していっていることが、この取材を通じてもよくわかった。フィカルさんは、これから香川県に来るムスリムのためにも、自分たちの家族のためにも、「私たちは怖くない人」とわかってもらえることに尽力したいという。とはいえ、地方都市で日本人が気軽にモスクを訪れ、ムスリムと交流するのは何か仕掛けやきっかけがないと難しい気がしている。

果たして日本人とムスリムは共生が可能なのか。「日本人は信仰に興味がないのか、ほうっておいてくれるから、ありがたい」という言葉も彼らから聞く。その無知と無関心が在日ムスリムの安全を担保している部分はあるが、無知や無関心は、ちょっとしたきっかけで偏見や差別へと変わる。それを防ぐにはムスリムが、どういう信仰や価値観を持っているかを最低限知ることが礎になるのは間違いないだろう。それを前提に共生のヒントを探っていくとアフガニスタンで慈善活動を続けた故・中村哲さんの言葉にたどり着いた。中村さんはキリスト教徒だ。アフガニスタンという治安の安定しない地域で、イスラム教徒の中で異教徒が暮らすことについて聞かれ、こう答えた。「問題にするから問題になる」と。私はこれが真理だと思っている。

お互いに理解しあうことが、難しい領域は必ずある。しかし互いの違いへ最低限のリスペクトを示し、侵してはいけない領域を否定したり土足で荒らさなければ、問題は起きない。特別扱いせずに自然に付き合うのがよいし、私が付き合ってきたムスリムはそう望んでいる。

幸い、日本人とムスリム関係の歴史は浅く、過去の遺恨などの問題になる種は他地域に比べ少ない。ほぼまっさらな関係だからこそ、他の国では築けなかった関係性がこの国で生まれ、熟成されていく可能性があり、共生の形を世界に提示することができるかもしれない。もし、それができたら、歴史的にも、人類の未来にとっても、大変意義があることだ。そのために、日本人は多数派が無意識に陥りがちな善意の上から目線とそれが起こすパターナリズムを避け、対等な関係を築くことで、彼らから学ぶべきものを認知し、取り入れていくべきだ。日本社会が抱える問題とコネクトするならば、コミュニティーの形成力や、仲間意識の強さ、許しあうことなどが、私は印象的だったが、それ以外にも、私が気づいていないだけで、数多あるはずだ。一方、在日ムスリムたちも、日本社会に積極的に溶け込む態度を見せなければいけないだろう。フィカルさんたちはオープンだが日本人と距離を置くムスリムもまた、存在するのも事実だ。

しかし、これだけは忘れないようにしたい。私たちは同じ地平を目指しているということを。1400年前、ムハンマドは神からの啓示をもとに、平和への道を教えの中に残した。だれもが等価値を持つ存在になり、差別や階級、恨みや憎しみがない世界をつくる方法を。その夢を見ているのは、ムスリムだけではない。ここには書ききれないほどの宗教家、活動家、哲学者、アーティスト、生活者たちも時代の変遷とともに手法を変えながら、普遍の理想を追いかけてきた。私もまた、その不断の努力の延長線上で、同じ夢を見て筆を執る。私たちは同じ夢を見ている。ただ、方法が違うだけなのだ。

このモスクの物語は、やっと始まったばかりだ。この原稿を書いている2022年の11月。トイレ、水回りで直さなければいけない箇所がたくさんあり、まだ内装工事は完了していない。正式にオープンはしていないが、祈りの場としては機能していて、みんな自由に出入りしている。だが、購入後も、たくさんの珍事件や、問題が起こり続けている。ここではまだ詳細はかけないが、フィカルさんは今、また新たなトラブルに巻き込まれ、頭を悩ませている。「私の人生で一番つらい」と、珍しくネガティブモードだ。まさか、物件購入した後に、さらなる困難が待ち受けているとは、私も想像していなかった。そしてこれからも、このモスクからさまざまな課題も見えてくるだろう。それも含め、このモスクでどんな出来事が起きていくのだろうかまったく予想ができない。しかし彼はきっとこういう。「お祈りしとけば、大丈夫や」と。だから、大丈夫なのだろう。多分……いや絶対に。まだまだ神は、この男を休ませてくれない。私たちの関係も、友人として、取材者として、続いていきそうだ。

エピローグ

本書は『HEAPS Magazine』で連載した「モスク建立計画を追え！」を、大幅に加筆修正したものだ。連載が始まったとき、パンデミックの真っただ中で、モスクができるかどうかは神のみぞ知る状況だったが、『HEAPS Magazine』編集長の平野さんは、この企画を進めてくれ、情熱をもって、伴走してくれた。もしモスク建立計画が頓挫してしまったとしても、この稀有な物語を残すべきだという信念が、平野さんにはあったように感じる。『HEAPS Magazine』はNYを拠点にする、カルチャージャーナリズムの媒体だが、平野さん自身が移民としてアメリカに住んでいることも、この連載に影響を与えたはずだ。

連載の書籍化は「最初に声がけをしてくれた出版社に」と、決めていたところ、第一話がリリースされた直後に、晶文社の出原さんが連絡をくれ、出版へ向けて尽力してくれた。書籍化が正式に決まってからは、出原さんが根気強く執筆に伴走してくれ、大幅な加筆修正に取り組んだ。的確なアドバイスをくれたおかげで、より一人一人の個性に肉薄する内容にすることができたと思っている。2人の素晴らしい編集者の手腕により、本書が醸成したことをお伝えし、まずは2人に深くお礼を伝えたい。ありがとうございました。

また、香川県在住の写真家の宮脇慎太郎氏、写真家・映像作家の井上真輔氏も、たびたび取材に同行してくれ、素晴らしい写真や映像に残してくれたことにも感謝を述べたい。彼らなしには成立しなかった企画だろう。そもそも、フィカルさんと私をつなげてくれたBさんは、宮脇氏の知人だった。当初は移民のzineをつくろうとしていて、Bさんに移民情報をもらうためにお会いしたのだが「モスク建立計画」のことを教えてもらったのだ。それがすべての始まりだった。

その日からモスクについて考える日々が続くとは。人生とはよくわからないものだ。彼らを追った期間、私は毎日が楽しかった。地方都市にも、こんな世界があるのかと何度も驚かされ、本には書けないような出来事も起こった。ポップでゆるい彼らとの時間は笑いに満ちていて、私にとって仕事を超えた財産となったし学びの連続だった。

しかし執筆中は、悩みも多かった。プロローグで書いた「物語は、平凡な人間を善人にも悪人にも変えてしまうことがある」という言葉は、自分自身への戒めでもある。文章を書く仕事をしていると、自らの行為に対して、ジレンマを常に抱えている。私がフィカルさんを取材し、公にさらすことで、彼らの暮らしが変わってしまうのではないかという心配が私の筆を止めることもあった。だが「私たちのことをちゃんとみんなに知ってほしいから、大丈夫です」と、フィカルさんは言ってくれた。密着取材されることを時折ストレスに感じただろうが、付き合ってくれたのは、私と彼の関係性以上に、自分たちの本質を知ってほしいという、強い思いがあったはずだ。本書に登場する地名や、人名には仮名が多いが、それ自体が、彼らがおかれている状況を表している。しかしだからと言って、無根拠に肯定するような書き方はしたくなかったし、中立性を保つことに注力したことは、記しておきたい。

2021年にモスクが誕生してから2年がたとうとしている。戦争や物価の高騰、難民の急増、環境問題の悪化など、世界が見て見ぬふりをしていた諸問題が膨張し、顕在化している。混迷の時代に、人は不思議と、わかりやすい物語を求める。

本書を執筆中の2022年の10月。晶文社に打ち合わせに行く途中、東京のとある駅前で、街宣車の上でスーツを着た活動家が、独善的な口調で「外国人の優遇で若者の暮らしが厳しくなる。この国は外国人のものではない!」と叫んでいた。

虚構の正義に下支えされたヘイトの種が、着々と世の中にまかれていると感じた。もしも19億人のイスラム教徒のうち、たった一人でも暴挙を起こせば、ばらまかれたヘイトの種の萌芽を目のあたりにするかもしれない。その時、本書に記されたムスリムたちの個性が、世論の暴走を止める役割を果たしてほしいと願っている。

参考文献

小林明子『日本のイスラーム』（朝日新聞出版、２０１９）
森まゆみ『お隣のイスラーム――日本に暮らすムスリムに会いにいく』（紀伊国屋書店、２０１７）
店田廣文『日本のモスク――滞日ムスリムの社会的活動』（山川出版社、２０１５）
樋口直人ほか『国境を超える――滞日ムスリム移民の社会学』（青弓社、２００７）
高野秀行『イスラム飲酒紀行』（講談社文庫、２０１４）
羽田正『モスクが語るイスラム史――建築と政治権力』（ちくま学芸文庫、２０１６）
牧野信也『イスラームとコーラン』（講談社学術文庫、１９８７）
加藤久典『インドネシア――世界最大のイスラームの国』（ちくま新書、２０２１）
小川忠『インドネシア――イスラーム大国の変貌』（新潮選書、２０１６）
カーラ・パワー『コーランには本当は何が書かれていたか?』（秋山淑子訳、文藝春秋、２０１５）
倉沢愛子『インドネシア　イスラームの覚醒』（洋泉社、２００６）
小杉泰編訳『ムハンマドのことば』（岩波文庫、２０１９）
水谷周監訳、杉本恭一郎訳補完『クルアーン　やさしい和訳』（国書刊行会、２０１９）
内藤正典『となりのイスラム――世界の3人に1人がイスラム教徒になる時代』（ミシマ社、２０１６）
店田廣文、岡井宏文「日本のイスラーム――ムスリム・コミュニティの現状と課題――」『宗務時報』NO119 1-13p（文化庁文化部宗務課、２０１５）
澤井充生「日本の回教工作と民族調査――戦前・戦中期の内モンゴルを中心として――」『人文学報』社会人類学分野 468 55-86゛ 2013-03-3055-62p（２０１３）

大場卓「床の間からミフラーブへ：日本のモスク建設にみる在来建築との折衝」『東京大学大学院 建築学専攻2020年度 修士論文梗概集』（2020）
加藤里香「都市貧困女性にとってのセーフティネット――インドネシア・ジョグジャカルタ市のカンポンコミュニティを事例に――」『国際協力研究』Vol.21 No.2（通巻42号）（2005）
椙沢英雄「ゴトン・ロヨン思想――インドネシア・ナショナリズムとして」（博士論文、2007）
クレシサラ好美「日本に暮らすムスリム第二世代――学校教育現場における実態の検証――」『白山人類学』巻25、131-154p（2022）
「等身大の言葉 壁壊す」『中日新聞』2017年1月6日

本書は、ウェブマガジン『HEAPS Magazine』（https://heapsmag.com/）に掲載された連載「香川県モスク建立計画を追え！地方都市の団地で生きるムスリムと、祈りのルポルタージュ」に加筆修正、再編して単行本化しました。

著者について
岡内大三（おかうち・だいぞう）
ライター/編集者。1982年生まれ。海外居住やバックパックでの旅を通じて、異文化に触れてきた。2011年に東京の出版社を退社し、フリーランスに。移民、少数民族、難民などを取材し、ノンフィクション記事を執筆。土着的な音楽や精神世界などにも興味を持ち、国内外で取材を続けている。近年は文章に軸足を置きつつ、リサーチをベースにした映像作品も制作。身体表現や生け花などのパフォーマンスをメディアと捉えなおし、ストーリーテリングの手法を模索している。

香川《かがわ》にモスクができるまで
在日ムスリム奮闘記

2023年1月30日　初版

著　者　　岡内大三
発行者　　株式会社晶文社
東京都千代田区神田神保町1-11　〒101-0051
電話　03-3518-4940（代表）・4942（編集）
URL http://www.shobunsha.co.jp

印刷・製本　株式会社太平印刷社

ISBN978-4-7949-7350-4 Printed in Japan